松原孝明・堀川信一 編

民法入門 II 物権法

江口幸治

亀井隆太

萩原基裕

堀川信一

松原孝明

山口志保

社

は し が き

　この教科書は，主に民法を学び始めた初学者をターゲットとして執筆されている。編者はこれまで民法を様々な大学で講義してきた経験から，民法の効果的な学習のためにはまず基本的な事項を一通り学び，民法という広大な世界の大枠，構造を一旦捉えた上で，より深く精緻な学習を進めるのがよいと考えている。そこで，本書では，【基本事項】と【発展問題】に内容項目をわけ，【基本事項】では初学者に必要最低限学んでほしい内容を解説し，判例や学説などの説明は基本的なものにとどめ，難易度の高い判例や学説の対立，展開などは，【発展問題】において説明している。また，読者の興味を惹きそうな応用的内容については【コラム】で解説をしている。初学者はまず，【基本事項】を読み，全体の内容を広く捉えたうえで，【発展問題】や，その他の重厚な教科書にトライしてほしい。法律学の学習は積上げ型ではあるが，最初から細かく，全部を覚えようとするのではなく，広く浅く最後まで通しで学ぶことを心掛けてほしい。

　2020年４月１日より新民法が施行される。本書では，新民法を前提として執筆し，読者の混乱を避けるために，旧民法との比較は内容の理解を助けるのに必要な範囲で解説を加えている。新旧民法の細かな比較については，様々な解説書が出版されているので，それを参照してほしい。

　本書は，同じ教育現場で法学，民法教育に試行錯誤したメンバーにより執筆されている。それぞれのメンバーは，本務校以外に様々な国立大学，私立大学，また法学部以外での学部での豊富な教育経験を有しており，本書にはそれぞれが個々の教育経験から得た知見が十分に盛り込まれている。本書が

初学者の民法学習の一助となり，さらなる発展学習の足がかりとなれば幸甚である。

　本書の出版にあたっては，尚学社苧野圭太氏に大変お世話になりました。執筆者一同，深く感謝申し上げます。

編著者　　**松原孝明**

　　　　　堀川信一

目　　次

【コラム】

凡　　例

民法入門　II

物権法

序論　物権とは何か

　本書は，民法第2編の「物権」について解説している。個々の条文や判例・学説の説明に入る前に，本章では，**物権**とはどのような権利であるのか，物権に関する基本原則にはどのようなものがあるのかを学ぶこととする。また，物権法全体の仕組みについても概観しておきたい。

第1節　物権法の位置づけ

　まず，**図1**を見てほしい。Bが，Aが支配している財産（＝物）を手に入れるためには，通常はAとの契約が必要である。この契約（＝財貨の移転）に関するルールが多く置かれているのが債権法である（なお債権法には契約以外の規定も多く含まれている。詳しくは『民法入門Ⅲ債権法』に譲る）。

　他方で，Aの物に対する支配の仕方には様々なものがあるが，そうした物に対する支配の仕方やそれに関する様々なルールを定めているのが物権法である。

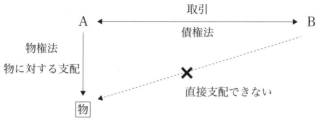

図1　物権法と債権法

【コラム：「物」について】

　物権の対象は「物」である。民法上の「物」については，民法第1編「総則」で扱われているが，ここで簡単に振り返っておこう。民法は物を85条以下で定義している。それによれば物とは**有体物**を指す（85条）。そして，「物」はいくつかの観点から分類がされている。

　まず最も重要な分類として**不動産**と**動産**（86条）がある。不動産とは，土地およびその定着物（土地に固着して容易に分離できない物）を指す。なお外国では土地と建物は1つの不動産として数えられることが多いが，日本では土地と建物は別個の不動産として数えられる点で注意が必要である（したがって登記も土地の登記と建物の登記に分かれている）。

　次に**主物**と**従物**（87条）がある。従物とは主物の利用を助けるため付属させられた物であり，原則として主物の処分に従う。

　最後に**元物**と**果実**（88条・89条）という分類がある。果実とは，元物の利用によって得られた利益を言い，例えば賃料や地代（これらを法定果実という），農産物や畜産物など（これらを天然果実という）がこれに当たる。いずれも物権の対象である物とは何かを理解する上で重要であるのみならず，物権の規定においてこれらの物の分類が大きく影響しているものもある。

第2節　物権とは何か

1　物権の性質——直接性・排他性・絶対性

　それでは物権とはどのような権利なのか見ていこう。まず，民法上の物権は全部で10種類あるが（後で簡単に紹介するが，詳しくは本書各章参照），それらには共通して次のような性質がある。

(1)　物権の定義

　まず，**物権**とは，人が物に対して有する権利であるが，物に対する直接的，排他的な支配権であると定義されている。「直接的支配権である」とは，物権の対象となる物を権利者自身が誰の手も借りずに「直接に」利用することができるということを意味している（**直接性**）。また物権は，権利者の直接的支配を確保するため**排他性**という性質を有している。なお定義には表れていないが，権利者は物権を有していることを誰に対してでも主張することができる。これを**物権の絶対性**と呼ぶ。

(2)　債権の定義

　他方で**債権**とは，特定の人が特定の人に対して特定の行為（給付）をするように請求できる権利である。物権も債権も権利であることに違いは無いが，債権は特定の人にのみ主張できる（この点を**債権の相対性**と呼ぶ）。

(3)　両者の違い

　以上の違いを次の例に即して確認しておこう。Ａが使用している甲土地をＢが不法占拠している場合に，ＡはＢに対して法律上どのような請求をすることができるだろうか。Ａの土地の利用が所有権（物権）に基づく場合と賃借権（債権）に基づく場合（なおこの場合，地主・賃貸人をＣとする）に分

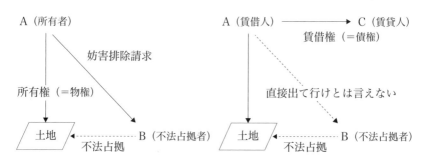

【所有権（物権）の場合】　　　　　　　　【賃借権（債権）の場合】

A（所有者）　　　　　　　　　　　　A（賃借人）　────→　C（賃貸人）
　　　　　　　　　　　　　　　　　　　　　　　　賃借権（＝債権）
　　　　　妨害排除請求

所有権（＝物権）　　　　　　　　　　直接出て行けとは言えない

土地　◄┈┈　B（不法占拠者）　　　　土地　◄┈┈　B（不法占拠者）
　　　不法占拠　　　　　　　　　　　　　　不法占拠

図 2　物権と債権の比較

けて考えてみよう。

　物権とは「物を直接的かつ排他的に支配できる権利」であった。所有権は法令の制限内で自由に物を使用，収益，処分できる権利であるが（206条），上で述べたような物権の性質をもちろん有している。したがって，上の事例では，甲土地をA自身が他者に邪魔されずに自由に使うことができる。そして，Aは契約当事者等ではない全くの第三者であるBに対してであっても土地明渡請求を直接行うことができる（こうした請求を物権的請求という。詳しくは本書**第1章**参照）。

　他方で，債権は「特定の人が特定の人に対して特定の行為（給付）をするように請求できる権利」である。すなわち賃借人Aが賃貸人Cに対して「土地を使わせろ」と請求できるというのが賃借権の内容である（なお物権の直接性とは，このように他者〔C〕の手を借りずとも物を支配できることを意味している）。この「AがCに対して」というところがポイントであり，<u>Bはここでの「特定の人（＝賃貸人）」に含まれない以上，Bに対しては賃借権に基づく土地明渡請求を直接行うことはできない（**債権の相対性**）</u>。もちろんこれではAは困ってしまう。ある一定の要件を満たすとAはBに対して上記の請求を行うことが可能となるが，そうしたAの救済方法についての詳細は債権法で学ぶ。

⑷　公示の必要性

　このように物権には直接性・排他性・絶対性という性質が備わっている。これらは，権利者の側から見れば非常に強力な性質と言えるが，他方で，権利そのものが目に見えるものではない以上，これからある物を取引対象にしようとする者からすると，物権が「目に見える形に」になっていなければ取引に際し不安だろう。これが物権の**公示**という問題である。不動産については，**不動産登記**によって物権が公示されるのに対して，動産の場合には**占有**によって物権が公示されている。詳しくは，本書**第3章・第4章**で解説する。

2　一物一権主義

⑴　一物一権主義とは

　次に，物権法には「**一物一権主義**」と呼ばれる原則がある。物権の中でも代表的な権利である**所有権**（206条）を例に説明すると，①1個の物には1個の所有権しか成立しないということ，そして②物権は物の集合体の上や1個の物の一部には成立しないことを意味する。

　まず，下線部の①の内容は，物権の排他性から導き出されるものである。つまり，1つの土地の上に複数の相対立する所有権が成立することはない。②の部分は，さらに2つの意味からなる。第1に，所有権は物の集合の上には成立しないということを意味している。つまり，鉛筆1ダースの売買と言っても，「1ダースの鉛筆」というものに所有権が1つ成立するのではなく，12本の鉛筆1本1本に所有権が成立する。これを客体の**単一性**要件という。

　次に，1台のパソコンを購入したが，その部品の1つが第三者に属しているという状態を認めるのは取引の安全を大きく害する。そこで，所有権はこうした物を構成する一部には成立しないことを原則としている。これを**独立性**要件という。

　「一物一権主義」と言っても以上の①②のようなややニュアンスの異なる使われ方がされる場合があるので注意が必要である。

(2) 一物一権主義の例外

この一物一権主義には次のような例外が存在する。

第1に，土地は「1筆，2筆……」と数えるが，このような土地の区分は人為的なものである。したがって，これまで，「甲」という土地だったものを2つに分けて（これを**分筆**という），「乙」という土地と「丙」という土地に分けることもできる（なお複数の土地を1つにまとめることを**合筆**という）。そして，こうした分筆を予定して，一筆の土地の一部を譲渡したり，時効により取得することも可能である（大判大13・10・7民集3巻476頁，大判大13・10・7民集3巻509頁）。

第2に，例えば，マンションについては，上記の②の原則によれば，マンション1棟が1つの建物＝所有権の客体であり，個々の部屋は独立性を有せず所有権の客体とはならなそうである。しかし，これについて，区分所有法は，独立した各区画ごとに1つの所有権の成立を認めている（区分所有権と呼ばれる。区分所有法1条）。

第3に，**定着物**は不動産の一部であるが，伐採前の樹木については，立木登記や明認方法によって独立した取引の対象とすることができる（立木法2条）。

最後に，1つ1つの動産について見ると，担保としての価値が小さい場合に，それらを包括した**集合物**の上に担保が設定されることがある。これを集合動産譲渡担保という（詳しくは本書**第13章**参照）。

第3節　物権の種類と分類ならびに物権法定主義

1　物権の種類と分類

(1) 物権の種類

先ほど，物権は全部で10種類あると述べたが，どのようなものがあるか概観しておこう。民法に規定されている物権を分類すると**図3**の通りである。

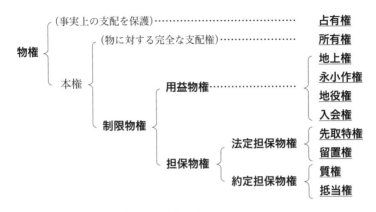

図3　物権の種類と分類

　このうち，**本権，制限物権，用益物権，担保物権**はいわば分類名であり，そうした名称の具体的物権が存在するわけではない。そのため民法において物権として認められている権利は**図3**のうちアンダーラインで示されている全10種類である。具体的には占有権（180条以下），所有権（206条以下），地上権（265条以下），永小作権（270条以下），地役権（280条以下），入会権（263条・294条），留置権（295条以下），先取特権（303条以下），質権（342条以下），そして抵当権（369条以下）である。

（2）　物権の分類

　10種類の物権の詳細については，本書各章で学ぶとして，ここでは本権，制限物権，用益物権，担保物権のそれぞれの分類の意味について述べておきたい。

　図3を見ると物権は，最初に本権と占有権に分かれている。「本権」とは，占有を根拠づける性質を有する物権のことを指す。一方で，「占有権」とは，そうした本権の有無を問わず，物を現実に支配しているという事実状態を尊重するため法律上認められた物権である。

　次に，物に対する完全な支配権である所有権と制限物権に分かれている。

所有権が「完全な支配権」と呼ばれるのは，物に対する使用・収益・処分というすべての支配権能を備えているからである。そして，制限物権は，この権能の一部分のみを内容とする権利である。用益物権は，土地の用益権能のみを目的とした物権であるし（地上権，地役権，永小作権），担保物権は，物を利用せずに処分権能（物を処分して換価する権能）のみを把握する物権である。これには，法律上一定の要件を満たすと発生するものと（**法定担保物権**），契約を通じて目的物に設定されるもの（**約定担保物権**）がある。

2 物権法定主義とは何か

(1) 物権法定主義

先ほど，物権は全部で10種類あると述べたが，それ以外の物権を当事者で作り出すことは可能か。これについて民法は**物権法定主義**をとっている。**物権法定主義**とは，民法その他の法律において物権として規定されている権利のみが，物に対する直接的排他的支配権である物権として認められる，という原則である（175条）。

(2) 物権法定主義の根拠

民法は自由主義を原則とし，私的自治や契約自由を原則としている。民法には13種類の契約類型が定められているが（典型契約という。549条以下参照），契約自由の原則に従い，これ以外の種類の契約を創設することも可能である（521条2項参照）。

ではなぜ物権については物権法定主義が採られているのだろうか。その理由は，第1に封建的な物権的権利の否定である。民法典が登場する以前は，各地方の慣習を根拠とした様々な物権的権利が存在していた。そうした物権的権利は封建的な身分関係と結びついていることが多く，人々の自由な財産関係の構築の妨げとなっていた。自由主義を原則とする民法だからこそ，自由と相反する封建主義的な権利体系を否定するために，物権法定主義が採用

されたのである。

　もう1つの理由は，先ほど述べた，物権の公示を容易にするためである。例えば，当事者間で民法に無い物権を創設したとする。そして仮にそれが登記に記載できたしても，第三者がそれを見てどのような内容の物権なのかを知ることは困難である。しかしそれでは物権を公示する意味が無い。そうした点から，物権を民法やその他の法律に定められたもののみに限定したのである。

　主にこの2つの理由から，物権法定主義が採用されている。

(3)　物権法定主義の例外

　しかしそうだとすると，上記の2つの理由に抵触しなければ，民法に規定されていない権利であっても，「物権」として認めてもよいのではないか，という疑問が生ずる。

　例えば，河川から農業用水として水を引くための**水利権**や，温泉宿を経営するために，源泉から温泉を引く権利である**温泉権**（湯口権などともいう）のように，人々の生活や経済活動と密着した慣習的な物権的権利（**慣習上の物権**）が存在しているが，これを物権法定主義の下で一律に否定することは，かえって個人の生活基盤を揺るがすおそれもある。そこで一般に，上記の175条の趣旨と明確に矛盾するものでないといった一定の条件の下で，慣習的な物権的権利も物権に準ずる保護が与えられるべきと考えられている。

第1章 物権の効力

基 本 事 項

第1節　物権の効力

　物権とは，物に対する直接的，排他的な支配権である（物権の性質については本書**序章**も参照）。ある物に対して物権を有している者だけがその物権の内容に従ってその物を利用することができる。そのため，1つの物の上に複数の物権が成立しようとする場合，そしてそれらの物権が共存できない性質同士のものであるとき，いずれかの物権のみが優先的に成立することになる。例えば所有権（206条）はある物を法令の制限内で自由に使用，収益，処分することができる物権であるところ，その性質から1つの物に複数の所有権が成立することはあり得ない。そのため一定のルールに従って，誰の所有権

が成立するのかが決定されることになる。これを**物権の優先的効力**の問題と呼ぶ。また，民法には債権と呼ばれる権利もあるが，場合によってはある物をめぐって物権と債権とが競合することもある。物権の優先的効力の問題は，物権同士の優劣関係と物権と債権の優劣関係の問題としてあらわれることになる。

　また物に対する直接的排他的な支配権であるという物権の性質から，ある物に対して物権を有している者がその物の利用を妨げられる場合には，その妨害を排除できる。土地を所有している者が，無権限の他者によってその土地を不法に占有されている場合，物権による物の支配が妨害されている状態にある。このような場合，物権を有している者は物権の対象となる物の利用を妨害している者に対しその返還や妨害の停止を請求することができる。物の利用妨害に対して物権に基づいて妨害をやめるように請求する権利を**物権的請求権**という。

第2節　物権の優先的効力

1　物権間の優劣関係

　物権同士の関係において，お互いに1つの物の上に同時に成立できない性質の物権の間では，時間的に先に成立した物権が優先して成立する。X所有の甲土地をYとZが欲しがっているとする。このとき甲の上にYとZの合意によってもYの所有権とZの所有権が同時に成立するとことはない，ということである（ただし所有権については共有という特殊な場合に注意。詳しくは本書**第5章**を参照してほしい）。しかしいくつか注意するべき点がある。

　まず**対抗要件**が問題となる場合には，対抗要件を備えていなければ物権の変動を第三者に主張できないため，成立の時間的先後にかかわらず対抗要件具備の先後により優劣関係が定まることになる。不動産所有権の二重譲渡の場合がその例である（対抗要件や二重譲渡の問題については本書**第3章**）。X所

有の甲土地の所有権が Y との売買契約により Y に譲渡されたのち，甲について X が Z とも売買契約を締結したとする。このとき原則からすれば甲の所有権は時間的に先に譲渡された Y に帰属するはずであるが，X と Y の関係からすれば第三者である Z に対して Y が所有権を主張するためには，177条に従い対抗要件である登記を具備する必要がある。他方で Z についても，X と Z との関係からすれば第三者である Y に対しては，登記を備えなければ所有権を取得した旨を主張できない。結局のところこのような場合，対抗要件である登記を先に備えた者が所有権の取得を主張できるようになるため，取得の先後ではなく対抗要件具備の先後によることになる。約定担保物権の1つである抵当権は，所有権とは異なって1つの不動産の上に複数成立することができるが，登記の先後によって順位が定まる（抵当権については本書**第9章**参照）。なお，先取特権のように法律規定において物権の優劣関係が規定されている例もある（例えば334条。先取特権については本書**第12章**参照）。

　そして物権の優先的効力が問題となるのはそれぞれの物権同士が共存不可能である場合に限られる。所有権と地上権や，所有権と抵当権のように1つの物の上に同時に成立することのできる物権であれば，優劣関係は問題とならない。ただし物権の性質や内容によって，一方の物権が制限を受けるということはありうる。

2　物権と債権の優劣関係

　物権と債権とはどちらも権利ではあるが，その性質が異なる。物権が物に対する絶対的支配権であるのに対し，債権は特定の者に対する相対的請求権である。そのため物権については（対抗要件を備えている限りで）誰に対しても主張することができるが，債権については原則としてその相手方にしか主張することができない。物権と債権とのこのような効力の違いから，物権と債権との優劣関係においては物権が優先することになる。

　これが明確に表れる場面が「**売買は賃貸借を破る**」場面である。甲土地を

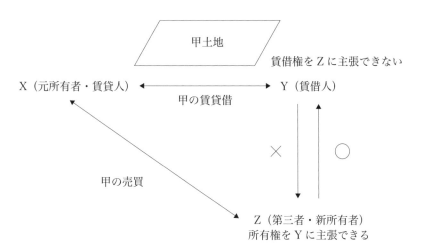

図1　売買は賃貸借を破る

所有する X が，Y との間で甲の賃貸借契約（601条）を締結したとする。この契約に基づいて甲について賃借権という債権を取得した Y は，X に対して甲を使用収益させるように請求することができる。このとき X が甲の所有権を Z に売買契約によって譲渡したとしよう。そうすると甲の所有者は Z となる。Z が Y に対して，甲を自ら使用する旨を伝えて甲を明け渡すように請求する場合，Y は Z に対し，契約に基づく甲の賃借権があることを主張してこの請求を拒絶できるであろうか。Z が有しているのは甲の所有権であり，登記がされていれば Y に対しても権利を主張することができる。他方で Y の有している賃借権は X に対する債権であり，Z には主張することができない。そのため Y は Z の所有権に基づく明渡請求に応じざるを得ない。

　このとき注意する必要があるのは，賃借権は605条において**登記**が認められており，Y が登記済みの賃借権を有していれば Z にも賃借権を主張できるということである（**債権の物権化**）。また民法の特別法の１つである借地借家法では，土地や建物の賃貸借の場合に賃借権の対抗要件に関する特別規定

が置かれている（借地借家法10条・31条）。

第3節 物権的請求権

1 意義

　物に対する直接的排他的支配権である物権は，物権の行使が妨害される場合，それを排除するための効力を有しているとされる。この効力を**物権的請求権**と呼ぶ。物権的請求権を直接に規定する条文は存在しないが，占有に関する規定において占有の訴え（占有訴権。197条以下）が規定されており，また本権（本書**序章**参照）の訴えに言及する条文（202条）もあることから，物権的請求権の存在が前提となっていると理解されている。判例もまた，物権的請求権を一般に承認している（所有権に基づく物権的請求権につき，大判昭12・11・19民集16巻1881頁）。

2 性質

　物権的請求権は物権に基づく物利用の妨害を排除するための権利であるが，この権利を物権と切り離された独自の権利として理解することはできるであろうか。つまりある物権を保有する者が自身の持つ物権的請求権のみを取り出して，他人に譲渡することはできるであろうか。判例では物権的請求権は物権の作用であって独立の権利ではないため譲渡することはできず，また独立して消滅時効にかかることもないと示したものがある（大判大5・6・23民録22輯1161頁）。そうすると物権的請求権は物権に基づく権利ではあるが，物権から独立してはいない権利であるということになるであろう。

3　物権的請求権の種類

(1)　物権的返還請求権

　物権的返還請求権は物権による物の利用が全面的に妨害されている場合に，その妨害をやめるように求める権利である。自己の所有する土地全部について無権限の者が不法占拠している場合や，自転車が誰かに持ち去られてしまったような場合である。

i　請求権者　　物権的返還請求権を行使できるのは，物権を保有している者である。第三者に対してこの請求権を行使しようとする場合には，その前提として物権につき第三者への対抗要件を具備している必要がある点に注意を要する。不法占拠者などは177条などにいう第三者に該当しないとされているため，登記が無くとも物権さえ有していれば返還請求をすることができる（対抗と第三者の問題については本書**第3章**を参照）。

ii　請求の相手方　　物権的返還請求権を行使する相手方は，実際に物権を妨害している相手方である。土地の不法占拠者や自転車を許可なく持ち去った者ということになる。

【コラム：土地上に不法に建てられている建物の登記名義人と所有者とが異なる場合は？】

　物権的返還請求権の行使の相手方は，物権を直接に妨害している者である。しかし次のような場合はどうであろうか。Xの所有する甲土地の上に，Yが無断で乙建物を建築し，所有権保存登記を済ませた。その後Yは乙の所有権をZに譲ったが，登記は移転していない。このときXは，登記名義人であるYに対して甲の明渡請求（乙の撤去請求）をするべきであるのか，あるいは現に乙を所有しているZに対して上記請求をするべきであるのか。

　この場合，現に乙を所有することでXによる甲の利用を妨害しているのはZである。そうするとXはZに対して甲の明渡請求をするべきといえそうである。しかし建物所有者に物権的返還請求権を行使するべきであるとすると，Zがさらに別の者に乙の所有権を移転した場合には，Xはその者に請

求をする必要があることになる。つまりZからすれば請求を受けたとしても所有権を他人に譲渡することで，物権的返還請求権を回避できてしまうことになる。

判例は原則として所有者に請求すべきであるとする（最判昭35・6・17民集14巻8号1396頁）。しかし先に指摘した不都合にも対応しようとしている。先の事例のような場合において物権を妨害する建物の所有者が所有権を他人に移転することで容易に請求を回避できてしまうという不合理があることは確かである。そのため判例では例外的に，土地利用を妨害している建物についてその所有者が登記名義を得，所有権の移転後もさらに引き続き名義人となっている場合には，現所有者ではなく登記名義人に請求できると示したものがある（最判平6・2・8民集48巻2号373頁）。

(2) 物権的妨害排除請求権

物権的妨害排除請求権は，その名の通り物権を妨害している者に対して妨害行為をやめるように請求する権利である。具体的には不法に占拠されている土地の明渡しなどであるが，その限りでは物権的返還請求権と目的は同じである。一般に，物権の対象となる物が全面的に妨害を受けているような場合には返還請求の対象となり，部分的にのみ妨害を受けているような場合（土地の一部に廃棄物が不法投棄されたといった場合）には，妨害排除請求の対象となるとされている。請求権者や請求の相手方については，返還請求権について述べたことと同様である。

(3) 物権的妨害予防請求権

物権的妨害予防請求権は，物権の妨害は現実に生じてはいないが，何らかの理由で今後妨害が実現しそうな場合にその妨害行為をしないように求め，あるいは妨害が実現しないための予防措置をとるように求める権利である。隣地の敷地内にあるブロック塀が倒壊しそうな状態にあり，倒壊した場合には自分の土地の利用を一部妨げるであろうという場合に，隣地所有者に対し

てブロック塀の撤去や補強を求めることができる。

テーマ　物権的請求権の法的性質と費用負担
　Ｘ所有の土地にＹ所有の自動車が放置されており，Ｘがその土地
の一部を利用できない状態にある。Ｙの自動車がＸの土地に放置さ
れた原因は，Ｙの自動車を盗んだＺがこれをＸの土地に放置したた
めであった。このときＸはＹに対し，土地から自動車をＹの費用で
撤去するように請求できるであろうか。

1　物権的請求権の法的性質

　物権的請求権は物権利用が妨害されている場合に対処するための権利であ
る。しかしその法的性質をめぐっては，**行為請求権**とみるか**忍容請求権**とみ
るかについて争いがある。

　物権的請求権が物の利用の妨害状態を排除するための請求権であり，また
妨害者の主観的態様（故意や過失の有無など）を問わずに請求できることか
らすると，相手方に対して妨害状態の停止や予防のために積極的に行動する
ことを請求することができ，その費用も相手方が負担すると考えることが妥
当であるようにも思える。しかし上記事例のように物権の利用を妨害してい
る物の所有者に妨害について落ち度があるとはいえないという場合において
も一律に相手に妨害の停止や予防などの積極的行為を求め，またその費用を
全面的に負担させることは公平でないように思える。

2 解決の方向性

　判例は，相手方自身の行為によるかどうかや，故意や過失を問わずに侵害の除去や危険防止の義務を負うとして，行為請求権であることを原則としている（大判昭7・11・9民集11巻2277頁，前掲大判昭12・11・19）。ただし傍論ではあるものの，物権の妨害が不可抗力による場合は別であるとしている。そうすると物権の侵害が不可抗力によって生じた場合には，相手方には積極的な行為義務はないと理解できそうである。このような場合には，妨害をされている側が相手方に対し，自身で妨害状態を除去するための措置をするのでこれを忍容するように求めることになるであろう。

　また費用負担の問題について学説では，物権的請求権を行為請求権と解するにせよ忍容請求権と解するにせよ，物権的請求権に関係する当事者それぞれの事情や落ち度の有無などを総合考慮して費用負担の問題を解決するべきとされている。

第2章　物権変動総論

基　本　事　項

第1節　物権変動とは

1　物権変動の意味

物権変動とは，物権の発生・変更・消滅の総称のことである。発生・変更・消滅とは権利に焦点を当てて使われている表現であり，権利の主体から見れば，物権の取得・変更・喪失または「得喪および変更」と表現されることになる。

(1)　物権の取得

物権の取得には，**原始取得**と**承継取得**とがある（本書**第5章第2節**参照）。原始取得とは，物を他人の所有権とは関係なく，法律が定めた要件を満たす

ことにより取得する場合であり、建物を新しく建築した場合におけるその建物の所有権の取得、時効取得、即時取得、無主物先占、遺失物拾得、埋蔵物発見、添付などが挙げられる。

承継取得とは、前主の権利に基づいて権利を取得することである。承継取得には、売買や贈与などによって前主の物権をそのまま譲り受ける移転的承継（物権の移転）と、地上権や抵当権の取得のように後主が前主から権利の設定を受ける設定的承継がある。

(2) 物権の変更

物権の変更とは、物権の同一性が失われない限度で、物権の客体や内容が変わることをいう。家を増築することによる所有権の内容の変更、抵当権順位の変更などがこれに当たる。

(3) 物権の喪失

物権の喪失とは、権利者が物権を失うことである。物権の喪失には、目的物が滅失することにより、物権自体が無くなってしまう物権の絶対的喪失と、売買や贈与などによって前主が物権を失う相対的喪失とがある。

2 物権変動発生の原因

物権変動の発生原因として、まずは法律行為が挙げられる。民法は物権変動の原因が法律行為である場合に、当事者の意思表示のみにより物権変動が生じることが原則とされている（176条）。これは当事者の私的自治の原則を重視したためであり、物権変動を生じる法律行為の成立には意思表示（合意）以外に特殊な要件を必要としない。物権変動を生じさせる法律行為としては、売買や贈与などの所有権を移転させる契約、地上権、永小作権、抵当権などの設定契約など、契約により物権変動が生じる場合と、遺言、物権の放棄、物権変動の原因となる法律行為の取消し・解除等の単独行為により生

じる場合とがある。

　法律行為以外の発生原因としては，相続，混同，取得時効，即時取得，無
主物先占，遺失物拾得，埋蔵物発見，添付などが挙げられる。

第2節　物権変動に必要な行為

1　意思主義と形式主義

　民法176条は，「物権の設定及び移転は，当事者の意思表示のみによって，
その効力を生ずる」と規定する。この規定に従えば，例えばAとBがA所
有の甲自動車を売却するという合意（売買契約の締結）をした場合に，その
合意のみで甲の所有権はAからBに移転することを意味する。このように，
意思表示のみによって物権変動が生じるとする立場を**意思主義**といい，日本
はフランス法の立場に由来する意思主義を採用してる。

　他方で，物権変動が生じるためには，意思表示以外にその他の何らかの形
式を必要とする立場を**形式主義**という。ドイツ法がこの立場を採用しており，
ドイツにおいて，物権変動が生じるためには，売買契約の他に，所有権を移
転するという合意と不動産の場合には登記，動産の場合には引渡しを必要と
する。

2　物権行為の独自性

　ドイツにおいては，物権変動が生じるためには，売買契約の他に，所有権
を移転するという合意と登記が必要であると説明したが，この場合，売買契
約は当事者間に債権・債務を発生させるだけであり，**債権行為**と呼ばれる。
そして，債権行為とは別にその後に物権変動を生じさせるために必要な所有
権を移転するための合意を**物権行為**という。ドイツでは，このように物権変
動を生じさせるためには，債権行為と物権行為が必要であり，両者を分けて

考えている。他方で，日本ではフランス法を模範とし，意思主義を採用しているわけだが，フランス法が，売買契約によって所有権が移転する旨を明示した条文を有しているのに対して，日本の場合は「物権の設定及び移転は，当事者の意思表示のみによって，その効力を生ずる」と規定しているのであり，この「意思表示」が何を意味しているのかが問題となる。一般的に，176条にいう意思表示は，物権変動の原因となる売買その他の債権契約上の意思表示であると解されており，その考えに従えば売買契約が成立するだけで，売買の効力としての財産権移転義務・目的物引渡義務・代金支払義務の発生のみならず，目的物の所有権も移転することになる。つまり物権行為は必要無いということになる。このように，物権行為の独立性を否定する見解を**物権行為独自性否定説**という。

これに対して，債権行為があってもそれとは別に物権行為が必要だと考える見解を**物権行為独自性肯定説**という。この見解に従えば，売買契約は債権行為であり，債権が発生するに過ぎず，それとは別に所有権を移転させる行為，すなわち物権行為が必要ということになる。これに対して，日本の判例・通説は物権行為独自性否定説を採っている。

【コラム：ドイツにおける物権変動】

ドイツでは，形式主義が採られており，物権変動が生じるためには，物権行為を必要とする。具体的には，不動産の場合，売買契約がなされるとそれにより生じた債務の履行としてアウフラッスング（Auflassung）という行為がなされ，このアウフラッスングに基づき登記が行われないと所有権は移転しない。動産の場合には，売買契約に続いて物権的合意（Einigung），すなわち所有権を移すという合意と，それに基づく目的物の引渡しが行われないと所有権は移転しない。

第3節　物権変動の時期

　日本の民法176条は，「物権の設定及び移転は，当事者の意思表示のみによって，その効力を生ずる」と規定し，意思主義の立場を採用しているということは既に述べた。では，物権変動は，意思表示すなわち契約の成立時に生じると考えてよいのだろうか。判例は，意思主義の原則を忠実に適用して契約の成立時に所有権が移転するとしている（大判大2・10・25民録19輯857頁，最判昭33・6・20民集12巻10号1585頁）。判例はそのような立場を採りつつも，例外的に物権変動が生じるのに支障がある場合には，その支障が無くなった時点に物権変動が生じるとの例外を認めている。具体的には，不特定物（取引にあたって，当事者が単に種類，数量，品質等に着目し，その個性を問わずに取引した物）の売買事例では，物が特定された時点（最判昭35・6・24民集14巻8号1528頁），他人物売買の事例では，売主が所有権を取得した時点（大判大8・7・5民録25輯1258頁，最判昭40・11・19民集19巻8号2003頁）で物権変動が生じるとしている。

　また，当事者間に特約が存在する場合には，その特約によるとされている（最判昭38・5・31民集17巻4号588頁）。

　判例の原則に従えば，売買契約の時に所有権は売主から買主に移転することになるが，高額な不動産の取引を考えてみると，当事者の合意だけでその不動産の所有権が移転するということには違和感をもつかもしれない。そこで，所有権が移転するためには，代金の支払い，引渡しまたは登記の時点まで所有権は移転しないとする学説が提唱された。これに対して，所有権移転の時期をある1点に確定しないという学説もある。その学説によれば，所有権というのは様々な権能（使用権能，収益権能，処分権能，第三者の侵害に対する妨害排除請求権）の束であり，それが個々の機能ごとに段階的に移転すると考えるのである。このような見解を**段階的所有権移転説**と呼ぶ。

第3章　不動産物権変動

基　本　事　項

第1節　不動産物権変動の公示と対抗要件主義

　民法177条は，不動産の所有権取得などの物権変動を第三者に対抗する（主張する）ための要件は登記と定める。このことを，登記は不動産物権変動の対抗要件であると表現する。

　例えば，売主Ａが買主Ｂとの間で建物の売買契約を締結したが，その後，同じ建物について別の買主Ｃとの間でも売買契約を締結したとする。すなわち，売主Ａは，買主ＢとＣ双方との間で二重に売買契約を締結したこと

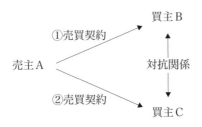

図1　二重譲渡における対抗関係

になり，これを**二重譲渡**という。この場合，AとB，AとCは売買契約当
事者となるため，買主BもCも売主Aに対しては自分が所有権者であるこ
とを主張できるが，買主Bにとって買主Cは，逆に買主Cにとって買主B
は二重譲受人であり，第三者となるため，自分が所有権者であることを対抗
するためには登記が必要となる。すなわち，買主BとCは対抗関係に立つ
ので，先に登記を済ませた方が勝つ（所有権取得が確定する）のである。

　しかし，ここで疑問が1つ生まれる。それは，すでに前章で説明されたよ
うに物権変動は意思表示によってなされるのであるから（176条），上の例の
場合，AからBに不動産の所有権が移転してしまえば，Aは当該不動産の
所有権を失い，Cに二重譲渡することができないのではないかという疑問で
ある。このことについて，判例はAからBへの所有権移転は不完全な物権
変動であるとする。不完全な物権変動とは，AからBへ移転した所有権は
登記がなされていなければ，排他性のない不完全な物権であると解釈するも
のである（**不完全物権変動説**）。したがって，AはBに対しては不完全な物権
しか移転させてないので，自分のもとに不完全な物権がまだ残っており，そ
れは第2譲受人のBにも移転させることができるものとしている。不完全
な物権変動と考えれば，上記事例のような二重譲渡のみならず，三重，四重
の譲渡の場合でも説明できることになる。

　なお，登記は，不動産の物権変動を第三者に対抗するための要件であるこ
とから，第三者の側から物権変動を承認することは可能である（大判明39・

10・10民録12輯1219頁）。すなわち，上記二重譲渡の例の場合，買主 B も C も登記を済ませていない段階において，C が B の不動産所有権を承認することが認められるということである。もし，B も C も互いに未登記で，かつ承認もしない場合は，双方が所有権取得を対抗できないということになる。したがって，B か C のどちらかが所有権取得を争う訴えを提起した場合は，原告が敗訴する結果となるだろう。

第 2 節　177条の第三者

1　「第三者」とは

「第三者」とは，物権変動の当事者もしくはその包括承継人以外の者である。したがって，例えば，売主 A と買主 B との間で土地の売買契約が締結された場合，A と B は契約当事者となるので，B は A に対し，登記なくして自己が取得した土地の所有権を対抗することができる。もし，売買契約締結後に売主 A が死亡し，A の売主の地位を相続した C がいた場合，この C は A の包括承継人となるため，C は B にとっての第三者とはならず，C と B は当事者の関係となるため，対抗関係には立たない。したがって，B は登記なくして C に土地所有権の取得を対抗できるのである。

2　「無制限説」から「制限説」へ

民法177条は，第三者の範囲を特に定めてはいない。したがって，かつては，当事者もしくはその包括承継人と「詐欺又は強迫によって登記の申請を妨げた第三者」（旧不動産登記法 4 条）および「他人のために登記を申請する義務を負う第三者」（同 5 条）以外のすべての第三者には，登記が無ければ対抗できないと考えられていた（無制限説）。

しかし，その後の判例（大判明41・12・15民録14輯1276頁）で，177条の第

三者とは，当事者もしくはその包括承継人以外の者で，不動産に関する物権変動の「登記欠缺ヲ主張スル正当ノ利益ヲ有スル者」に制限する立場がとられた（制限説）。

3　登記をしないと対抗できない第三者

　前掲大判明41・12・15において，具体的に177条の第三者として考えられる者として，①同一の不動産に関して所有権や抵当権や地上権などの所有権以外の物権または賃借権などの債権を取得した者，また，②同一の不動産を差し押さえた債権者などを例示している。

　①について，例えば，Aの所有する土地をBが購入したが，まだ移転登記を済ませていない段階で，Aの債権者Cが当該土地に抵当権を設定してもらい，登記も済ませてしまった場合，Bは抵当権の負担付きの土地を取得することになってしまう。つまり，買主Bは抵当権者C（第三者）に対抗するには登記をしなければならないのである。また，登記をしなければ対抗できない第三者は所有権や抵当権などの物権を取得した者に限られない。例えば，Bが購入した土地に関し，売主AとDが賃貸借契約を締結し，DがAの土地に対する賃借権を取得したとする。この場合，Dが賃借権の登記を済ませたり（605条），賃借した土地上に自己所有の建物を建て，建物の登記を済ませたりした場合（借地借家法10条），対抗要件を具備したことになる。したがって，Aから土地を購入したBはDが対抗要件を具備する前に移転登記を済ませていなければ，Dに対するAの賃貸人の地位を受け継ぐことになる（A・D間の賃貸借契約が，B・D間に引き継がれる）。もし，Dが対抗要件を具備しないうちにBが所有権の移転登記を済ませてしまえば，BはDに対して土地の明渡しを請求することができる。

　②について，例えば，A所有の土地をBが購入したが，その移転登記手続がなされていない間に，Aの債権者EがすでにBに売却した土地ではあるが，登記がA名義のままであるために，A所有の土地として差し押さえ

た場合，Ａの土地を購入して所有権を取得したＢは差押え債権者Ｅに対して，登記なくして自己の所有権を対抗することができない。つまり，差押債権者Ｅも登記なくして対抗することができない「第三者」ということになる。

4　「第三者」の客観的要件

現在，判例法理として確立している制限説の立場を採ると，以下の者は，177条の第三者に該当せず，競合権利者に登記がされていないこと（登記の欠缺）を主張することができないことになろう。

(1)　不動産登記法5条

不動産の二重譲渡において，第2譲受人が第1譲受人の登記の申請を詐欺または強迫によって妨害を行った場合，第2譲受人が不動産所有権の移転登記を先に行っていたとしても，第1譲受人は登記なくして登記申請を妨害した第2譲受人に対して所有権を対抗することができる（1項）。また，不動産の売買契約において，買主側の司法書士などの代理人が，買主本人のために登記を行う義務があるにもかかわらず，土地を自分自身が買い受けてしまい，移転登記まで済ませてしまった場合（自己契約），その代理人は「登記の欠缺を主張できない」第三者に当たるため，買主本人は，登記なくして代理人に対して所有権を対抗できる（2項）。

(2)　実質的無権利者

Ｃが土地所有者Ａの実印を持ち出し，書類等を偽造して登記を自己名義にしたとしても，ＡとＣとの間に売買契約や相続など，法律上の原因が無いため，当該土地に対して何の権利も持っていない「**実質的無権利者**」となる。したがって，Ａが所有権者であることに変わりがないため，そのＡから土地を購入したＢは，「実質的無権利者」であるＣに対して，登記なくし

て所有権を対抗できる。これはCの転得者に対しても同じである。

(3) 不法占拠者・不法行為者

　賃借人が賃借しているアパートの賃料を何か月も払わず，賃貸借契約を解除されたにもかかわらず，アパートから立ち退かないような場合，元賃借人は何らの法的根拠も持たず，アパートを占拠している**不法占拠者**となる。賃貸人が，所有権に基づく妨害排除請求権を行使する場合，不法占拠者は，第三者に該当しないため，賃貸人は登記なくしてアパートの明渡しを求めることができる（最判昭25・12・19民集4巻12号660頁）。そもそも，妨害排除請求権などのような**物権的請求権**は所有権から派生する当然の権利であるから，対抗要件の要否の問題と別であると考えられる。

5　「第三者」の主観的要件

(1) 単純悪意者

　177条は，第三者の善意・悪意を区別していない。判例も，土地の二重譲渡において，すでに第1譲受人が土地を購入していることを知った上で土地を購入した第2譲受人が悪意の第三者であるとしても，第2譲受人は登記の欠缺を主張し得る第三者ではないとはいえないとする（最判昭32・9・19民集11巻9号1574頁）。不動産取引は「**自由競争**」を前提としてなされるため，悪意者であったとしても保護に値するとの説明もなされるが，当事者の主観を問題としないで，第1譲受人と第2譲受人との優劣は登記の先後により画一的に決めるべきとの考えがその理由でもあると思われる。当事者の主観を問題とすると，悪意の証明を未登記の権利者に負担させることとなり，紛争の増大が懸念されるからである。

(2) 背信的悪意者

　ところが，商売のためにより良い土地を取得するためではなく，単に第2

譲受人が第1譲受人を日頃から憎んでおり，第1譲受人の商売を妨害する目的で必要もない土地を購入したような者は，不動産登記法5条に規定されるような事由は無くとも，これに類似する程度の**背信的悪意者**であるとされ，177条の第三者から除外されるべきとの判断がなされた（最判昭40・12・21民集19巻9号2221頁）。その後，判例は，実際に背信的悪意者を認定し，背信的悪意者に対する所有権に基づく請求を登記なくして認めるに至った（最判昭43・8・2民集22巻8号1571頁，通説）。背信的悪意者は，自由競争の範囲を逸脱していると考えられるからである。

i　背信的悪意者からの転得者　　AがBとCに土地を二重譲渡した場合，Cが背信的悪意者であれば，BはCに登記なくして土地の所有権を対抗することができる。ところが，もし，Cが譲り受けた土地をさらに事情を知らないDに譲渡した場合，BはこのDに対しても登記なくして土地所有権を対抗することができるのだろうか。判例は，背信的悪意者Cは土地所有権について，Bの登記の欠缺を主張する正当の利益を有していないとするのみで，無権利者としていない。したがって，背信的悪意者からの**転得者**は，背信的悪意者の土地所有権を譲り受けることができると考えられるため，転得者が背信的悪意者でない限り，DはBにとって，177条の第三者に該当すると考えられ，Bは登記なくして転得者Dに対抗することができないこととなる（最判平8・10・29民集50巻9号2506頁）。

ii　転得者が背信的悪意者　　AがBとCに土地を二重譲渡した後，善意のCが登記を行った上で，Dにその土地を転売した。もし，転得者のDが背信的悪意者であった場合，Bは登記なくしてDに土地の所有権を対抗することができるのであろうか。この場合，法律関係の早期安定と簡明さの観点から，第三者である善意のCが登記を行った時点で土地の所有権を確定的に取得したと考えられ，反対にBは確定的に所有権を喪失したと考えられる。したがって，BとDの対抗問題ではなく，単にBは土地について無権利者ということになる。

第3節　177条が適用される物権変動の範囲

　民法の条文上は，登記が無ければ対抗できない物権変動の範囲は限定されていないため，契約に限らず，取得時効や相続を原因とするような物権変動であったとしても公示が必要ということになるだろう。学説の中には，物権変動について意思主義を採っているのだから，登記が無ければ対抗できない物権変動は，契約などの意思表示による物権変動に限ると唱えるものもあるが，判例は，取得時効や相続を原因とする物権変動であっても，登記なくして第三者に対抗できないと判断している（大判明41・12・15民録14輯1301頁）。以下，意思表示によらない物権変動に関するいくつかの問題を検討する。

1　取消と登記

　民法はいくつかの場合に法律行為の取消しを認めている。例えば，制限行為能力者が同意なくして法律行為を行った場合，錯誤，詐欺，あるいは強迫に基づいた契約であった場合などである。法律行為の取消しがなされると，その法律行為は初めから無効（**遡及的無効**）となる（121条）ため，物権変動が全く無かったことになる。しかし，もし，取消しによって遡及的無効となった不動産売買契約（法律行為）をもととして第三者が生じた場合，その第三者に対する対抗要件としての登記がどのように機能するか，問題となる。

　例えば，AとBとで不動産売買契約が結ばれ，その契約がAによって取り消された場合において，Bが当該不動産を転売した第三者Cが存在するとき，この第三者Cに対して，Aが契約の遡及的無効により，不動産の所有権が自分に復帰していることを対抗するには登記が必要となるのであろうかという問題である。

　判例は，AのBに対する取消しが，BからCへの転売の後になされたか（取消し前に第三者が出現した場合），前になされたか（取消し後に第三者が出現

した場合）によって区別している。

(1) 取消し前に第三者が出現した場合

Aが不動産をBに売買し，Bはその購入した不動産をCに転売した後で，AがBとの契約を取り消した場合，取消しの遡及効により，契約は初めから無効であったことになる。したがって，不動産の所有権を初めから取得していなかった無権利者Bと契約をしたCも無権利者となるため，AとCとは対抗関係にないため，Aは登記なくしてCに不動産の所有権を主張することができることとなる。

ただし，制限行為能力や強迫による場合と異なり，錯誤や詐欺を理由とする取消しの場合は，善意・無過失の第三者を保護する規定があるため（95条4項・96条3項），Cは善意・無過失の場合に限り，保護されることになる。また，判例は，Cが善意（・無過失）の第三者として，保護されるために登記は必要としないと判断している（最判昭49・9・26民集28巻6号1213頁）。

(2) 取消し後に第三者が出現した場合

Aの取消しより後にCが登場したような場合は，取消しによってBからAに所有権が復帰すると考え，BがAとCとに二重譲渡した場合と同様に考え，AとCが対抗関係に立つとする。177条を適用し，AとCのどちらが先に登記をしたかによって，不動産の所有権を主張できるとしている（大判昭17・9・30民集21巻911頁）。すなわち，BからA，BからCへの二重譲渡があった場合と同様に考えるのである。また，判例は，詐欺を原因とする取消しの場合であるが，取消し後に出現した第三者に対する96条3項の適用を否定している。したがって，第三者Cが善意・無過失であったとしても，登記を備えていない場合は，96条3項による保護はされない（前掲大判昭17・9・30）。

⑶ 取消しの前後で区別する判例への批判

上記の考え方に立った場合，第1にAが取消しをすることができる状態であってもそれをせず，善意の第三者Cが現れた後に取消しをしてしまうなど，Aは恣意的に取消権行使の時期を遅らせることができてしまう。第2に取消し後に現れた第三者が悪意であったとしても，登記さえ備えれば，保護されることになっていまい，詐欺や錯誤などを原因とする取引の場合の**第三者保護規定**（95条4項・96条3項）の趣旨に反する，などの問題がある。また，取消し時期の前後によって区別する考え方は論理的に一貫しないという批判がある。そこで，取消しの前後で区別せず，前後を通じて一貫して考える学説として，取消しの前後に関係なく，AとCとの対抗問題として捉える見解と，取消しの前後に関係なく，取消しによって，A・B間の契約は遡及的に無効になり，Cは無権利者Bと契約したと捉える見解がある。特に後者の見解の場合，制限行為能力や強迫を原因とする取消し前の第三者，および詐欺や錯誤を原因とする取消し後の第三者Cも善意であれば94条2項を**類推適用**して保護しようとする説がある。

2　解除と登記

売主Aと買主Bが土地の売買契約を締結したが，債務不履行を原因としてAが契約を解除した場合，A・B間の契約は遡及的に無効となり，AはBに対して土地の返還請求権を行使することができる。それでは，転得者Cがいた場合の法律関係はどうなるだろうか。

⑴ 解除前にCが出現した場合

もし，AがBとの契約を解除した時点で，BがAから購入した土地をCに転売していた場合，Aはこの第三者Cにも土地の返還を求めることができるのだろうか。545条1項は，「第三者の権利を害することはできない」として，第三者Cを保護する。ただし，判例は保護されるべき第三者の善

意・悪意は問わないが，「対抗要件としての登記」を備えていなければならないとしている（大判大10・5・17民録27輯929頁）。

　AとBが土地の売買契約を合意解除した場合も，判例は債務不履行を理由とする解除の場合と同様に処理されるとしている（最判昭33・6・14民集12巻9号1449頁）。したがって，Aは合意解除前に出現した第三者Cが登記を備えている場合は合意解除および物権変動の遡及的消滅を対抗できない（545条1項ただし書の類推適用）。

(2)　解除後にCが出現した場合

　AがBとの土地の売買契約を解除したが，Aが登記を回復する前に，Bが自分のもとにある登記を利用して第三者Cに土地を売却した場合，判例はAとCとの関係は対抗関係となるとしている（大判昭14・7・7民集18巻748頁，最判昭35・11・29民集14巻13号2869頁）。

　以上，第三者Cへの転売がAの解除の前後に関係なく，第三者が保護されるためには登記が必要となる。

3　取得時効と登記

　これまで説明した取消しや解除は**単独行為**（法律行為）であるのに対して，取得時効は意思表示を原因とする物権変動ではない。しかし，原因は違っても物権変動である以上，時効により取得した不動産の権利を第三者に対抗するためには，登記を備える必要があるのだろうか。

(1)　取得時効と登記に関する判例ルール

　判例は，以下の5つのルールに基づいて取得時効と登記の問題を処理している。

i　**第1ルール**　　Aが所有する土地をBは占有の始めから善意・無過失で

自主占有していたとする。もし，Bの時効が10年（162条2項）で完成した場合，Bは時効による土地の所有権取得をAに対して登記なくして対抗することができるのであろうか。判例は，Bの時効取得が完成することで，あたかもBがAから所有権を承継取得した当事者の関係であるかのように見ることで，BはAに時効取得した所有権を登記なくして対抗できる（大判大7・3・2民録24輯423頁）。そもそも，登記は取得時効が認められる要件ではないことも理由とすることができるかもしれない。

ii **第2ルール**　A所有の土地をBが取得時効を完成させる前に，CがAから土地を譲り受けていた場合，Bは登記なくして時効取得した土地の所有権を対抗できる（大判大13・10・29新聞2331号21頁，最判昭41・11・22民集20巻9号1901頁）。時効完成前の第三者Cは，Bの取得時効が完成した時の所有者であるから，時効が完成することによって，あたかもCからBが土地の所有権を承継取得したかのように観念すれば，BとCは当事者であって，対抗関係には立たないと考えることができるのである。また，CはAから土地の譲渡を受ける際，現況を調査するのは不動産取引の場合には当然のことであるにもかかわらず，それを怠っている。もし，無権利者のBが土地を占有している状況を確認出来たのであれば，**時効の完成猶予あるいは更新**を行うことが可能であったと考えられる。他方，Bは，時効が完成していな段階においてそもそも登記はできないことも本ルールの根拠となるだろう。

　なお，判例はBの土地所有権の時効完成前にAから土地をCが譲り受けたのであれば，登記がBの取得時効完成後になされたとしても，結論は変わらないとしている（最判昭42・7・21民集21巻6号1643頁）。

iii **第3ルール**　A所有の土地の所有権をBは時効によって取得したが，Bが登記をする前にCがAから土地の譲渡を受けて，移転登記も済ませてしまった場合，Bは時効による土地の所有権取得を登記なくしてCに対抗することができない。判例は，時効完成後に土地を譲り受けたCとの関係を，Bの取得時効の完成によってAからBへの第1回目の譲渡が，そして次にAからDへの譲渡を第2回目の譲渡が行われたと観念し，あたかも二

重譲渡の関係があったこととして考え，所有権の登記を先に備えた方が優先するとしたのである（大判大14・7・8民集4巻412頁）。取得時効が完成していながらも，第2ルールと異なり，登記が求められるのは，時効が完成しているにもかかわらず，それを怠っている間にCが移転登記を先に済ましてしまったという点にあるだろう。

iv　第4ルール　時効が完成する時期は，常に「占有の開始の時」を起算点として決定されなければならず，時効を援用する者がその起算点を任意に選択することはできないとする（前掲大判大14・7・8，最判昭33・8・28民集12巻12号1936頁）。もし，**援用権者**に起算点の任意選択を認めてしまうと，土地所有者Aからの譲受人はすべて時効完成前の第三者（第2ルール）になってしまい，第3ルールは意味を持たなくなる。つまり，第4ルールは，第2・第3ルールの前提となる重要な命題となるのである。

v　第5ルール　Aの土地の所有権をBが時効によって取得した後，Bが登記をする前にAがCに土地を譲渡し，登記も移転した（ここまでは第3ルールと同じ）。Bはその後も占有を継続し，Cの登記時を起算点とした取得時効に必要な期間が経過した場合，BはAの土地所有権の時効による取得を登記なくしてCに対抗することができる（最判昭36・7・20民集15巻7号1903頁）。

　Bが2度目の時効による所有権取得の時の土地所有者はCであるので，取得時効の2度目の完成により，あたかもBがCから土地所有権の移転を受けた当事者の関係であるかのように見たのである。

　なお，上記事例で第三者CがAから土地所有権を譲り受けているが，所有権者Aから第三者Cが抵当権の設定を受けている場合も，Cの抵当権設定登記を起算点としてBの2度目の取得時効が完成した場合，Bは登記なくして抵当権者であるCに対抗できるだけでなく，Cの抵当権は消滅すると判断している（最判平24・3・16民集66巻5号2321頁）。

⑵　時効完成の前後で区別する判例への批判

　上記のように時効完成の前後によって結論が異なる考え方に対しては，理論上，いくつかの問題点が指摘され，批判的学説が出されている。

　その問題点として，第1に上記第2ルールは，時効完成前にAがCに土地を譲渡し，所有権登記も移転していた場合でもBは自己の所有権を登記なくして対抗するとしている。その理由として，判例はBの時効完成時の土地所有権者はCであり，それゆえに時効完成することによって，あたかもCからBへ所有権が移転されたように考えられるため，CとBは物権変動の当事者であるからだとしている。しかし，時効の遡及効を前提に考えれば，時効完成時にAからBに所有権が譲渡されたと考えられ，その後にAからCへの譲渡がなされたという二重譲渡類似の関係が認められると考えられるのではないだろうか。あるいは，時効によって所有権が原始取得されるものと考えれば，土地所有権は最初から時効取得したBに帰属していたのであり，Cは無権利者Aと土地の売買契約を締結したと考えられるのではないだろうか。

　第2に，CがAから土地を譲り受けたのは，Bが土地を占有してから12年後であったとする。Bは占有開始時に善意・無過失であった場合，時効完成は10年であるから，12年後のAからCへの譲渡は，時効完成後の譲渡となり，上記第3ルールが当てはまる。ところが，もし，Bが占有の初めに善意・無過失でなかった場合は，時効完成は20年となり，AからCへの12年後の譲渡は，時効完成前の譲渡となってしまい，Bは登記なくしてCへ対抗することができる（上記第2ルール）。このように，Bが悪意占有者であった場合の方が保護されやすい結果になってしまうのである。

4　相続と登記

⑴　前提

　相続と対抗要件としての登記の問題を検討する前に，相続制度の基本につ

いて説明しておこうと思う。

　相続は，死亡によってのみ開始される。つまり，Aが死亡した場合，法律で定められた範囲の親族B（相続人）がAの財産を法律で定められた割合（**法定相続分**）で相続（権利承継）がなされる（ただし，遺言が優先することに注意）。この場合，Aは被相続人という。つまり被相続人Aの財産権が相続人Bに承継されるのである。したがって，その財産権が物権であれば，相続とは，AからBへの契約以外の物権変動ということになる。そうであれば，AからBへ相続による不動産の物権変動があった場合の第三者対抗要件についても177条に基づき，登記が求められることになるのであろうか。

　例えば，売主Aと買主CがA所有の土地の売買契約を締結していたとする。ところが，その後，AからCへの土地の引渡しが済まないうちにAが死亡し，BがAの遺産を相続したとする。この場合，先にAから不動産を購入したCと相続によって不動産を相続したBは対抗関係に立つのであろうか。結論として，BとCは対抗関係に立たない。なぜならば，BはAの**包括承継人**のためである。つまり，不動産物権の対抗要件として登記が求められるのは，第三者に自己の権利を主張するためである。したがって，契約において当事者の一方が他方に自己の権利を主張（対抗）するためには登記は必要とされないのである。なぜなら，第三者とは，当事者その包括承継人以外の者であるため，包括承継人であるBに対し，Cは登記なくして自己の権利を主張することができることになる。BとCは当事者なのである。

　それでは，上記のような場合（相続人が**契約上の地位**を承継するような場合）でなければ，不動産物権の相続の場合にも177条が適用されることになるのだろうか。2018年の民法改正前は，177条が適用されるとしていたが，改正後は，899条の2が新設され，相続による権利の承継の対抗要件について，本規定が適用されることになった。

　したがって，共同相続（次の(2)を参照）の場合においてBがAから法定相続分を超える権利を承継した場合，この超えた部分については，登記等の対抗要件を具備しなければ，その超過取得分を第三者に対抗することができな

いのである（899条の2第1項）。具体的には以下で検討する。

(2) 共同相続と登記

　相続人は法定されていると前述したが，具体的には，配偶者（890条），子，直系尊属，兄弟姉妹である（887条・889条）。これら法定相続人が，配偶者のみであるとか，子が1人だけが遺産を相続する場合，それを**単独相続**というが，複数の相続人が遺産を相続する場合は，**共同相続**という。

　共同相続の場合，遺産が不動産である場合，法定相続分（物権の割合）にしたがって共有することとなり，最終的には**遺産分割**という方法によって権利関係が確定されることになる（906条以下）。遺産分割がなされると，相続が開始された時点（被相続人が死亡した時点）に遡って効力を生ずることになる（909条本文）。

　最初に検討する相続と登記の問題は，遺産分割がなされる前の段階で起こりうる問題である。

　例えば，土地を所有するAが死亡し，Aの相続人である子Bと子Cが土地を相続したとする（相続分は2分の1ずつ）。ところが，子Cが子Bに何の相談もなく，Aの土地を自分が単独で相続したものとして，勝手に相続を原因とする登記を行い，すぐにDに売却してしまったとする。子Cから土地を購入したDは，移転登記も済ませている。

　この場合，子Bは，第三者Cに対して，自分がAから共同相続した土地の相続分2分の1について，第三者Dに対抗するためには登記が必要なのだろうか。この問題を検討する前に，まず子Cの相続分2分の1の所有権については，第三者Dに移転するか否かを考えてみる。すでに述べた通り，遺産である土地は子BとCの共有となっており，それぞれ相続分（持分）は，2分の1で，この共有持分については，それぞれ自由に譲渡が可能である。したがって，子Cは第三者Dと土地の売買契約を締結しているのであるから，少なくとも自己の持分2分の1については，第三者Dに対して移転の意思があるため，第三者Dは所有権を取得すると考えてよい。

問題は子Bの持分である。子Cは，Bの承諾を得ることなく，Bの持分を勝手にDに売却しているのであるから，CはBの持分については無権利者である。したがって，Bは登記なくして，自己の持分をCに対抗することができるということになる。民法899条の2は，法定相続分を「超える部分については，登記，登録その他の対抗要件を備えなければ，第三者に対抗することができない」と規定している。すなわち，Bは自己の持分を超える土地の持分を第三者Dに対抗するためには登記を備えなければならないが，超えない部分については，対抗要件を必要とはしないのである。結論として，この土地はBとDの共有となる。

(3) 遺産分割と登記

単独相続の場合と異なり，共同相続の場合は，最終的に遺産分割により権利関係が確定することになる。しかし，この最終的に確定した権利関係を第三者に対抗するためには登記が必要となるのであろうか。この問題を遺産分割前に第三者が出現した場合と遺産分割後に第三者が出現した場合とに分けて考えてみたい。

i　遺産分割前の第三者　土地を所有するAが死亡し，子Bと子Cが共同相続し，それぞれの持分を2分の1とする相続登記をした。そして，Cは自己の持分をDに譲渡し移転登記も済ませていたが，その後，共同相続人のBとCは遺産分割協議を行い，土地はBの単独所有とすることに決定した。この場合，すでに説明した通り，遺産分割の遡及効により，Bは相続開始の時から単独で土地の所有権を承継したことになり，CからDへの持分の譲渡は認められないことになってしまう。しかし，それでは，遺産分割協議の過程な内容を知り得ない第三者Dの利益を害することになるため，909条ただし書は，遺産分割の遡及効によって「第三者の権利を害することはできない」としている。したがって，この土地はBとDの共有となる。

ii　遺産分割後の第三者　土地を所有するAが死亡し，子Bと子Cが共同相続した後，すぐに遺産分割協議を行い，その結果，土地はBの単独所有

にすることが決まったが，Ｂが単独所有の登記を行う前に，Ｃが勝手にＢとＣの持分を各２分の１とする共有の相続登記を行い，Ｃは自分の持分をＤに譲渡し，Ｄが移転登記も済ませてしまった場合，遺産分割協議で土地の単独所有者に決まっていたＢは，土地に対するＣの持分の取得を登記なくしてＤに対抗することができるだろうか。まず，遺産分割後に出現した第三者Ｄは，909条ただし書による保護は受けられない。なぜなら，909条ただし書の趣旨は，遺産分割による遡及効を制限して第三者を保護する点にあるのだから，遺産分割後の第三者はこれにあてはまらない。そうすると，遺産分割協議で土地を単独所有することになったＢは，登記なくして土地所有権の取得を第三者Ｄに対抗することが出来ることになるのだろうか。民法899条の２は，「遺産の分割によるものかどうかにかかわらず」，法定相続分を「超える部分については」登記などの対抗要件を備えなければ，第三者に対抗できないと規定していることから，Ｂは，もともとの自己の持分の取得については，登記なくしてＤに対抗できるが，Ｃの持分の取得部分については，遺産分割協議で単独所有することになっていたとしても，登記を備えていなければそれをＤに対抗することはできない。したがって，この土地はＢとＤの共有となる。

(4)　相続放棄と登記

相続の開始があったことを知った時から３か月以内に，相続について，**承認**するか**放棄**するかを決めなければならない（915条１項）。承認には**単純承認**と**限定承認**の２種類がある。単純承認とは，被相続人の**積極財産**（不動産や預貯金などの資産）も**消極財産**（借入金などの負債）もすべてを承継（包括承継）することである。相続財産の一部を処分したり，３か月以内に限定承認あるいは放棄の意思表示を行わなかったりした場合は単純承認したものとみなされる（921条１項１号・２号）。他方，放棄は，期間内に家庭裁判所に対して，相続を放棄する旨の申述を行った場合，相続人は初めから相続人とならなかったものとみなされる（939条）。

ⅰ 相続放棄前の第三者　　土地を所有するＡが死亡し，相続人である子Ｂと子Ｃが共同相続したが，Ｃの土地の共有持分をＣの債権者であるＤが差し押さえた。ところが，その後，Ｃが相続を放棄した場合，相続放棄の遡及効（939条）によって，Ｃが土地の権利を初めから承継していないこととなり，Ｄの差押えはＢの土地に対するものとなってしまう。すなわち，相続放棄の遡及効が徹底されて，Ｄの差押えは**他人物差押え**ということになるというのが通説である。その理由は，第１に遺産分割とは異なり，積極財産より消極財産が上回ることによる相続人の負担から解放させるという相続放棄の目的を実現するために相続放棄の遡及効を徹底する必要があること，第２に，相続放棄に関しては，第三者保護規定が存在しないということである。

　そうすると，相続放棄の遡及効により，Ｂは初めから土地を単独で相続したということになる。つまり，土地の所有権全部がＢの法定相続分といえるため，登記を備えなくとも，第三者Ｄに対抗することができることになる。

ⅱ 相続放棄後の第三者　　土地を所有するＡが死亡し，相続人である子Ｂと子Ｃが共同相続したが，Ｃが相続を放棄し，その登記をしないままでいるうちに，Ｃの土地の共有持分をＣの債権者であるＤが差し押さえた場合，Ｂは登記なくして相続による土地の所有権取得をＤに対抗できるのだろうか。この場合も，相続放棄前の第三者との関係と同様に相続放棄の遡及効が尊重され，Ｄの差押えは他人物（Ｂの持分）に対する差押えであり，無効となる。したがって，Ｂは単独相続したと同じように土地の全部を相続していたことになり，土地の所有権を登記なくしてＤに対抗することができる（最判昭42・1・20民集21巻１号16頁）。

第 4 節　不動産登記法

1　登記とは

　不動産の物権変動において，その対抗要件としての登記が非常に重要である。不動産の物権変動の公示方法である登記をすることによって，自己の不動産に持つ所有権等を第三者に対抗する（主張する）ことができるからである。

　不動産登記とは，不動産の表示および不動産に関する権利を公示するためのものである（不動産登記法 1 条）。登記は， 1 筆の土地ごとに，または 1 棟の建物ごとに編成され（**物的編成主義**），それぞれの登記事項が記録されている。

　登記は，登記官という国家機関が**登記簿**に**登記事項**を記録することによって行われる（不動産登記法11条）。登記簿は，登記記録が記録される帳簿であって，磁気ディスクをもって調製するものをいう（同法 2 条 9 号）。登記簿に記録される登記事項とは，不動産登記法の規定により登記記録として登記すべき事項のことである。

　これまで，登記をすることは義務でなかったが，2021年の不動産登記法改正（2024年 4 月 1 日施行）により，「所有権の登記名義人について相続の開始があったときは，当該相続により所有権を取得した者は，自己のために相続の開始があったことを知り，かつ，当該所有権を取得したことを知った日から 3 年以内に，所有権移転の登記を申請しなければならない」とされた（改正不動産登記法76条の 2 ）。もし，この義務に違反し，相続登記等の申請を怠ったときは，10万円以下の過料に処せられることになった。

2　登記の種類

(1)　表題部と権利部

　登記記録は，**表示に関する登記**または**権利に関する登記**について，1 筆の土地または 1 個の建物ごとに作成される電磁的記録である（不動産登記法 2 条 5 号）。表示に関する登記が記録される部分を**表題部**といい，権利に関する登記が記録される部分を**権利部**という（同 7 号・8 号）。登記記録は，表題部および権利部に区分して作成され（同法12条），表題部には，所在地，不動産の種類，面積，および所有者名など，不動産の基本情報を知るための情報が記録される。また，権利部には，すでに説明した物権変動に関する事項が記載される。権利部は**甲区**と**乙区**に分かれ，甲区には所有権に関する事項が，乙区にはそれ以外の権利の事項が記録される。177条の対抗要件としての登記とは，後者の権利に関する登記部分を指す。ただし，この区分は，法律上定められているわけではない。

(2)　本登記と仮登記

　権利に関する登記について，その効力の違いから，**本登記**と**仮登記**に区別され，本登記とは，推定力や対抗力を生じさせる終極的な登記を意味し，対する仮登記は，将来の本登記がなされた場合の順位を保全するために行う予備的な登記のことをいう。

　なお，仮登記には，本登記のような対抗力が認められないことに注意しなければならない。したがって，仮登記によって順位が保全されたとしても，後の本登記による対抗力が，順位を保全した仮登記のなされた時まで遡及することはない（最判昭36・6・29民集15巻 6 号1764頁）。

(3)　付記登記

　付記登記とは，既存の登記（付記登記に対して，主登記という）に付記することで，その登記の一部を変更するもので，順位は主登記と同じとなる。

例えば，買戻特約付売買契約の場合のように登記内容を「変更・更正」したり，次順位抵当権者の代位の場合のように登記の「移転・保存」を行ったりする登記である。

⑷　記入登記と抹消登記など

　物権変動によって行われる新たな登記のことは講学上，**記入登記**と呼ばれ，表題登記と保存登記等のことをいう。新たに表示に関する登記がなされる場合，それを表題登記といい，新たに権利に関する登記がなされる場合，それが所有権であれば，**所有権保存登記**，抵当権であれば，**抵当権設定登記**という。これに対して，すでに存在する登記の登記事項の一部を改定することを内容とする登記として，**更正登記**と**変更登記**がある。更正登記とは，登記事項に錯誤または遺漏があった場合に当該登記事項を変更する登記である（不動産登記法2条16号）。例えば，2人の子どもが遺産である土地を共同相続したのに，1人の子どもが単独相続したものとして登記してしまった場合，実態と異なる登記の一部を訂正補充する登記である。変更登記は，登記事項に変更があった場合に当該登記事項を変更する登記である（同15号）。例えば，登記がなされた時の実態関係に変更が生じたことにより，既存の登記事項との間に不一致が生じた場合に登記を変更するのである。その他，建物が消失してしまい，登記済みの権利が消滅した場合などに既存の登記の抹消を行う**抹消登記**や既存の登記が登記簿上，不適法に抹消された登記事項を原状回復させる**回復登記**などがある。

3　登記することができる権利

　原則として不動産物権について登記することができる。登記が可能な民法上の物権としては，所有権，地上権，永小作権，地役権，先取特権，質権，抵当権である（不動産登記法3条1号〜7号）。なお，物権ではない，賃借権（同8号）や配偶者居住権（同9号），および買戻権（同法96条，民法581条）な

どの債権も登記することができる。さらに民法上の物権以外の権利として採石権（不動産登記法3条10号）も認められている。

4　登記手続

　かつて登記手続は、**当事者出頭主義**を採っていたため、例えば、売買契約の場合、当事者が登記所へ行って登記申請をする必要があった。現在は、インターネットを利用した電子申請が可能となったこともあり、登記所へ出頭する必要はなくなった。ただし、現在も登記所に直接提出あるいは郵送による書面申請をすることも認められている（不動産登記法18条）。

　しかし、登記の申請については、原則として、登記をすることによって直接的に利益を受ける**登記権利者**（売買契約の場合の買主など）と不利益を受ける**登記義務者**（売買契約の場合の売主など）とが共同して行わねばならない（**共同申請主義**、同法60条）。共同申請主義を採る理由は、登記の真実性の確保にあり、そのために登記をすることによって直接的に不利益を受ける者も申請手続に関与させるのである。実際の登記実務においては、司法書士や弁護士などが双方の代理人として登記手続を行うことも多い（公法上の行為であり、また常に債務の履行にすぎないため、双方代理が認められている。最判昭43・3・8民集22巻3号540頁）。

　このように登記申請は、共同で行わなければならないため、例えば、売買を原因とする移転登記手続を行うときに、売主が申請手続に協力しないような事があると、移転登記手続が困難となる。したがって、買主には、売主に対して登記申請に協力するように請求する**登記請求権**が認められている。逆に、不実の登記がなされたような場合は、登記に対応する真実の権利なき者に対して抹消登記請求権を行使することが可能となる。あるいは、不実の登記がある場合に、その登記の抹消に代えて、真実の所有者への所有権移転登記を請求することも認められる（最判昭30・7・5民集9巻9号1002頁、最判昭34・2・12民集13巻2号91頁）。

表示に関する登記は，登記官が，職権で行うことができる（不動産登記法28条）が，建物を新築して初めての登記を行う場合は，表題登記を1か月以内に申請しなければならない（同法47条）。

　権利に関する登記の申請人は，法令に別段の定めがある場合を除いて，その**申請情報**と併せて登記原因を証する情報を提供しなければならない（同法61条）。申請情報とは，不動産を識別するために必要な事項，申請人の氏名または名称，登記の目的その他の登記の申請に必要な事項として政令で定める情報のことである（同法18条）。

5　登記請求権

　登記請求権の発生態様には，契約当事者の債権的効果として発生する**債権的登記請求権**，物権そのものの効力として発生する**物権的登記請求権**，そして，物権変動の過程を登記面に忠実に反映させるべきであるとする不動産登記法の要請から生じる**物権変動的登記請求権**の3種類がある。

　債権的登記請求権は，前述した通り，土地の売買契約などで買主が売主に対して売買契約上の債権として登記手続を請求することができる権利である。債権であるため，時効により消滅する。

　それに対して物権的登記請求権は，土地の売買契約（の意思表示）により所有権を取得した買主が，その取得した所有権に基づいて移転登記を請求することができる権利である。所有権から派生した権利であるため，時効により消滅することはない。

　物権変動的登記請求権は，次の**6**で説明する中間省略登記の場合にも重要となる。例えば，A所有の土地が，Bに売られ，さらにCに転売されたとする。しかし，登記はまだAのもとにある場合，BのAに対する債権的登記請求権は認められるが，物権的登記請求権は，すでにBのもとに所有権が無いために認められない。債権的登記請求権も時効により消滅している場合は行使できないことになる。その点，物権変動的登記請求権は，現在，不

動産の実質的な権利者でなくとも登記を是正することについて利害関係を有する場合は，登記名義人（A）に協力を求める登記請求権をBも行使することが可能となる（最判昭36・4・28民集15巻4号1230頁）。

6　中間省略登記

A所有の土地が，Bに譲渡され，さらにそれがCに譲渡された場合，A名義であった登記は，実態に合わせ，Bへの移転登記がなされ，さらにBからCへの移転登記がなされるだろう。登記は生じた物権変動を公示するものであり，それは正確さが求められるからである。しかし，もし，AからBに譲渡された土地について，移転登記がなされていない間に，BからCへの譲渡がなされてしまった場合，それでも一旦はAからBへの移転登記を行い，その上でBからCへの登記をしなければならないのだろうか。Aの土地はBを経由したとしても，すでにCの所有となっているのだから，Bへの移転登記を省略して，直接AからCへの移転登記をしてしまえば，時間や費用が節約されるのではないだろうか。実際に不動産登記法が2004年に改正されるまでは，このようなA→B→Cというプロセスの中間に位置するBへの移転登記を省略して，A→Cという**中間省略登記**を認めていたのである。

しかし，2004年の不動産登記法改正では，その61条で，「権利に関する登記を申請する場合には，申請人は，法令に別段の定めがある場合を除き，その申請情報と併せて登記原因を証する情報を提供しなければならない」と定められ，移転登記を申請する場合には，所有権が移転したことを示す「登記原因を証する情報」を必ず提出せねばならなくなったのである。したがって，AからCへの中間省略登記は，AとCとの売買契約など，直接の譲渡がなされた証明ができない限り，難しいこととなった。

しかし，先ほども述べた通り，中間省略登記は，時間と費用の節約にはなる。また，現在の権利を反映していることから，果たしてそれでもなお不動

産物権変動のプロセスを忠実に反映させる事を求める不動産登記法の要請を
どこまで尊重するかという問題となるだろう。特に中間者Bの同意を得ら
れない場合には問題であろう。現在の権利者であるCは，Bの未同意の中
で，AもCへの移転登記手続に協力しないような場合，Aに対する移転登
記手続の請求ができるのであろうか。判例は，「不動産の所有権が，元の所
有者から中間者に，次いで中間者から現在の所有者に，順次移転したにもか
かわらず，登記名義がなお元の所有者の下に残っている場合において，現在
の所有者が元の所有者に対し，元の所有者から現在の所有者に対する真正な
登記名義の回復を原因とする所有権移転登記手続を請求することは，物権変
動の過程を忠実に登記記録に反映させようとする不動産登記法の原則に照ら
し，許されない」として，否定している（最判平22・12・16民集64巻8号2050
頁）。ただし，Bが合意している場合は，判例はCのAに対する請求を認め
ている（AとBの同意が無ければ，Cの登記請求は認められないとした判例では
あるが，最判昭40・9・21民集19巻6号1560頁）。

　それでは，Bは同意していないが，Aが移転登記に協力した場合であれば，
中間省略登記は有効となるのであろうか。結論としては，少なくとも，現在
の権利に関係に合致している以上は，有効であると考えてよいのではないだ
ろうか。しかし，判例はBが同時履行の抗弁権（533条）など「抹消登記を
求める正当の利益」を持つ場合には，中間省略登記を無効であるとして抹消
請求することができるとしている（最判昭35・4・21民集14巻6号946頁）。

【コラム：対抗要件としての明認方法】

　山地も土地の一種類であるので，当然に登記することができるが，山地に生育する樹木はどのような扱いになるだろうか。樹木は原則として土地の一部を構成するが（86条1項），土地に生育する樹木の集団を立木といい，判例は意思表示により，立木を土地から分離し，土地と別個の不動産として所有権を認めることができるとしている（大判大12・7・26民集2巻565頁）。山林の所有者は，土地とは別に上に生えている樹木の集団である立木のみを譲渡することができるのである。

　立木は独立した不動産として認められるのであるから，立木を譲り受けた者は，その所有権の取得を第三者に対抗するためには対抗要件を具備しなければならない。

　立木の対抗要件は，まず，**立木ニ関スル法律**（立木法）によって登記することができる（1条）。立木法による登記がなされると，土地から独立した不動産となり，土地とは独立して立木のみを譲渡したり，立木だけに抵当権を設定して融資を受けたりすることができる。

　また，もし，立木が立木法による登記がなされていなかったとしても，**明認方法**によって対抗要件を具備する方法も慣習上認められている。明認方法とは，樹木に権利者の書かれたプレートを下げる，または打ち付ける，樹木付近に立て札を立てる，樹木の皮を削って書き込むといった方法で公示することである。したがって，立木の二重譲渡がなされた場合，第1譲受人と第2譲受人のどちらかが先に明認方法を備えたかで優劣が決まることになる。なお，明認方法は，第三者との利害関係が発生した時点において存在している必要があるため（最判昭36・5・4民集15巻5号1253頁），第1譲受人が立木を譲り受けた時点で明認方法を備えていたとしても，第2譲受人が立木を譲り受ける時点で，立て札の文字が消えているなどした場合は，第1譲受人は第2譲受人に立木の所有権取得を対抗することはできない。

テーマ1　「相続させる」旨の遺言

　遺言によって，特定の遺産を特定の者に承継させる方法として，「遺贈する」形と「相続させる」形の2通りが認められる。

　遺贈の場合，被相続人Aから遺産の中の特定不動産の遺贈（特定遺贈）を受けた共同相続人Bが，Aの死亡後に不動産の所有権の移転登記を済ませないでいる間に，もう1人の共同相続人Cの債権者Dが当該不動産を差し押さえた場合，BはDに対して登記なくして不動産所有権を対抗することができるのだろうか。判例はこれを否定する。なぜなら，遺贈はAの生前における意思表示に基づく物権変動であり，かつ，Aを包括承継したCはAと同一の地位にあり，BとDは対抗関係に立つからであるとしている（最判昭39・3・6民集18巻3号437頁）。

　これに対して，「相続させる」旨の遺言がなされた場合，判例は，遺贈と解すべき特段の事情が無い限り，遺産分割方法の指定とされるため，遺産分割を必要とせず，当然にその特定財産の所有権が特定相続人に移転するとしている（最判平3・4・19民集45巻4号477頁）。したがって，被相続人Aから遺産の中の特定不動産を「相続させる」旨の遺言を受けた共同相続人Bが，Aの死亡後に不動産の所有権の移転登記を済ませないでいる間に，もう1人の共同相続人Cの債権者Dが当該不動産を差し押さえた場合，BはDに対して登記なくて不動産所有権を対抗することができるとする（最判平14・6・10判時1791号59頁）。

　しかし，2018年の民法改正によって，共同相続人の1人であるBが特定不動産を「相続させる」旨の遺言によって土地所有権を取得した場合であったとしても「相続による権利の承継」（899条の2第1項）に含まれることになり，Bは「法定相続分」を超える部分については，登記なくしてその取得

を第三者に対抗できないことになるため，共同相続人Cの持分に対するDの差押えは有効となる。なお，Bの法定相続分については，登記なくしてDに対抗できる。

テーマ2　いわゆる「新・中間省略登記」

　前述したように，2004年の不動産登記法改正によって，登記の原因となる事実を記載した書面である「登記原因証明情報」を登記申請の際に添付しなければならなくなり，A→B→Cと不動産所有権が移転し，現在の所有権がCのもとにあり，登記の名義がAのままであったとしても，法務省の方針として，Bへの登記を省略することを認めないことになった。

　しかし，中間省略登記は，A所有の土地をBがすぐさまCに転売し，その転売利益を得る目的で行われる場面において求められることが多く，そのような場合，Bが土地の名義を取得する必要性はあまりない。したがって，中間を省略しない登記は，時間，登記費用，税金などが余計にかかってしまうことから，実務界から多くの批判がなされた。

　そこで，現在，取引実務においては，第三者のためにする契約を行ってAから直接Cへ移転売買する方式を採ったり，買主の地位の譲渡契約を行ったりして，中間にBが存在するが，AからCに所有権移転登記を直接行うことを可能とする契約形態が考えられている。

第4章 動産物権変動

基 本 事 項

第1節　動産物権変動の対抗要件

1　民法178条

　第3章では，不動産の物権変動について学んだ。不動産の場合，物権変動を第三者に対抗する要件は，登記であったが，動産の場合はどうだろうか。178条は「動産に関する物権の譲渡は，その動産の引渡しがなければ，第三者に対抗することができない」と規定する。つまり，動産の場合はその対抗要件は引渡しである。

　ところで，民法総則で，動産の定義について不動産以外の有体物であると

学んだが，178条が規定する「動産」に含まれない動産もある。まず，自動車や船舶，航空機，建設機械などのように登記・登録制度があるものについては，対抗要件は登記・登録ということになり，178条の「動産」に該当しない。次に，金銭については，金銭の直接占有者が所有者とみなされる，すなわち所有と占有が一致するので178条の「動産」に該当しない（最判昭39・1・24判時365号26頁）。

　178条は，「動産に関する物権の譲渡は……」と規定しているが，これは，177条が「不動産に関する物権の得喪及び変更」と規定しているのとは異なっている。同じ物権変動についての規定であるのに，なぜこのような違いがあるのであろうか。それは，動産の場合，所有権以外の動産を目的とする物権のうち動産先取特権（本書**第12章第2節**参照）については，引渡しを対抗要件とはしておらず，また質権（本書**第10章**参照），留置権（本書**第11章**参照）は占有の取得を対抗要件としていないからである。それゆえに178条に規定する譲渡は，所有権の移転に限られる。判例は，動産の譲渡契約が解除されたり，取り消されたりして生じる復帰的物権変動も178条の「譲渡」に含まれるとする（大判昭13・10・24民集17巻2012頁）。

2　引渡しの種類

　動産物権変動の対抗要件は，引渡しであるが，引渡しと聞くと物を相手に手渡すことが思い浮かぶだろう。そのように，物理的に物を相手に移転することを**現実の引渡し**といい，対抗要件である引渡しに該当するが，実は，それ以外にも**簡易の引渡し，占有改定，指図による占有移転**という引渡しの種類がある。

(1)　現実の引渡し

　現実の引渡しとは，上で説明したようにAがBに対して目的物の物理的支配を移転することである。

(2) 簡易の引渡し

簡易の引渡しとは，例えば，AがBに貸している物をBに譲渡するとき，Bが借りている物をAに返し，それから改めてAからBに現実の引渡しを行うという，本来のプロセスを簡略化し，当事者の意思表示のみにより，AからBに引渡しを行う方法である。

(3) 占有改定

占有改定とは，例えば，Aが自分の物をBに譲渡するが，その物をBから借りて引き続き占有しようとするとき，AからBに占有を移転したうえで，Aが改めてBからそれを借り受けるという本来のプロセスを簡略化し，Aが以後Bのために（Bのものとして）占有をする意思を表示することにより，AからBに引渡しを行う方法である。

(4) 指図による占有移転

指図による占有移転とは，例えば，AがCに貸している物をBに譲渡する場合，AがCに対し，以後はBのために（Bのものとして）占有すべき旨を命じることにより，AからBに引渡しを行う方法である。

【コラム：動産譲渡登記ファイル】

金融実務においては，企業が保有する在庫商品や機械設備等の動産を活用した資金調達が行われることがある。具体的な方法として，企業が動産を直接占有したまま，金融機関等から融資を受ける譲渡担保（本書**第13章第3節**参照）という方法がある。このような場合，占有改定という外形的には判然としない公示方法によって対抗要件を具備するしかなかったため，占有改定の有無・先後をめぐって紛争が生ずるおそれがあった。そこで，このようなおそれを解消し，動産を活用した企業の資金調達の円滑化を図るため動産譲渡登記制度が2005年に創設された。動産譲渡登記の対象は，法人が行う動産の譲渡に限定される。動産譲渡登記ファイルに動産譲渡登記がされると，当該動産の譲渡について，引渡しがあったものとみなされ，対抗要件が具備され

る。同一動産について二重譲渡がされた場合の譲受人相互間の優劣は，登記の先後によって決定される一方，動産譲渡登記と民法178条の引渡しが競合した場合の譲受人相互間の優劣は，登記がされた時と引渡しがされた時の先後によって決定されることとなる。

3 178条の「第三者」の範囲

178条に規定する，「第三者」の範囲については，177条と同様に考えてよい。「動産に関する所有権取得の当事者およびその包括承継人」であり，「引渡しの欠缺を主張するにつき正当な利益を有する者」である。

第2節 即時取得

1 即時取得とは

AがBに対して本を貸していたところ，Bはその本が自分の物であるとしてCに売却した。この場合，Cは本の所有権を取得することができるだろうか。192条は，「取引行為によって，平穏に，かつ，公然と動産の占有を始めた者は，善意であり，かつ，過失がないときは，即時にその動産について行使する権利を取得する。」と規定する。同規定によれば，Cがその本をBの物であると過失なく信じていた場合には，Cはその本の所有権を取得できることになる。

本来であれば，「何人も自己が有する以上の権利を他人に移転することはできない（*Nemo plus juris ad alienum transferre potest quam ipse habet*）」と法諺にあるように，Bは本に関して無権利者である以上，Cに対して所有権を移転することはできないはずである。動産の取引においては，動産の所有権を取得しようとする者（上記の例のC）は，その相手方（上記の例のB）

がその物につき権利を有しているかを判断するためには，その者の占有という事実状態を根拠にするしかない。また，社会において動産の取引は不動産に比べて頻繁に行われるにもかかわらず，その取引ごとに相手方が権利者であるかどうかを調査しなければならないとすると，時間的にも費用的にも膨大なコストがかかるだけでなく，迅速な取引を阻害することになる。そこで，192条は，前主（上記の例のB）が物を占有し，所有者であるような外観を呈している場合に，その前主が所有者であると信じて取引を行った者（上記の例のC）に所有権を取得させることで取引の安全を図ったのである。これを**即時取得**（あるいは善意取得）という。つまり，民法は動産の物権変動においては，公信の原則を採用していることになる。

2　即時取得の要件

(1)　目的物が動産であること

　既に説明したように，自動車・船舶・航空機などの登記・登録しうる動産については，即時取得は適用されない。ただし，それらについて登記・登録が行われていなければ即時取得は適用される（最判昭45・12・4民集24巻13号1987頁）。また，金銭についても占有の移転とともに所有権も移転するので，即時取得は成立しない（前掲最判昭39・1・24）。

(2)　取引行為による取得であること

　即時取得は，取引の安全を保護するための制度であるから，売買，贈与，代物弁済，譲渡担保などの取引行為により動産を取得する必要がある。では，他人の傘を間違って持ち帰った場合はどうだろうか。このような場合は，取引行為ではなく，事実行為であり，そのような手段により占有を取得したとしても即時取得は成立しない。また，取引行為であっても，当該行為が無効となる場合，行為能力の制限や詐欺・強迫，錯誤などにより取り消された場合にも即時取得は成立しない。

⑶　前主から占有を取得したこと

　既に説明したように，占有の取得の方法には現実の引渡し，簡易の引渡し，占有改定，指図による占有移転の4種類がある。このすべての占有移転の方法により即時取得が成立しうるかが問題となる。現実の引渡しおよび簡易の引渡しの場合には，取得者が現実に物を所持しているので，即時取得が成立することに問題はないだろう。では，占有改定と指図による占有移転の場合はどうであろうか。この2つの占有移転の方法では，取得者は現実的には物を所持しておらず，観念的に取得者に占有が移転したことになる。この点について，判例は占有改定の場合には，即時取得は成立しないとする（最判昭35・2・11民集14巻2号168頁）。その理由は，無権利者から譲渡を受けた譲受人が即時取得により所有権を取得するためには，「一般外観上従来の占有状態に変更を生ずるがごとき占有を取得する」必要があるが，占有改定では「かかる状態に一般外観上変更を来たさない」からであるとする。他方で，指図による占有移転の場合には，即時取得の成立を認める判例（最判昭57・9・7民集36巻8号1527頁）と認めない判例（大判昭8・2・13新聞3520号11頁）とに分かれている。

⑷　平穏・公然の取得

　即時取得が成立するためには，取得者は，平穏・公然に占有を取得する必要がある。この要件は186条1項によって推定されるため，即時取得の成立を否定する者が，占有の取得が平穏・公然でないこと，すなわち強暴・隠匿であることを証明しなければならない。この要件が問題となることは極めて少ない。

⑸　善意・無過失

　即時取得が成立するためには，取得者は占有の取得時に，前主に処分権限が無いことについて善意・無過失である必要がある。ここにおける，善意とは，前主に処分権限が無いことを単に知らないこと（不知）ではなく，前主

に処分権限があると誤信していたことである（最判昭41・6・9民集20巻5号1011頁）。善意は186条1項によって推定される。また，「無過失」とは，紹介や調査など取引上要求される注意を怠らなかったことである。ただし，簡易迅速な動産取引の実現の要請から，高度な調査や照会が求められるわけではない。無過失については，188条によって推定される（同最判昭41・6・9）。

3　即時取得の効果

192条の要件を満たすと，動産の占有者は「即時にその動産について行使する権利を取得する」。ここでいう，権利にあてはまるのは，所有権と質権である。即時取得は，原始取得（本書**第5章第2節・第7章第3節**参照）に当たるので，占有者は即時取得により新たに権利を取得することになる。それゆえに原所有者は，無権利者に対して，不当利得，不法行為，債務不履行に基づき損害賠償を請求するしかない。

4　即時取得の例外

即時取得が成立すると，原権利者はその権利を失うことになる。これは，原権利者にとっては少々酷であるが，民法は，当該目的物が原所有者の意思に基づかずにその占有を離れた場合，すなわち，原所有者が目的物を落とした場合や，盗まれた場合における即時取得の成立の例外を設けている。すなわち，占有物が盗品または遺失物であるときは，即時取得の成立が盗難または遺失のときから**2年間**猶予され，占有者に対して物の回復を請求することができる（193条）。回復請求できる主体は所有権者に限られず，賃借人や受寄者も含まれる。

盗品・遺失物の場合には，上記のような回復請求権が認められるわけだが，それらの買主にとっては，自分もそれらを競売や公の市場において対価を支払って購入しているわけであるから，それらを取り戻されてしまうのは納得

がいかないだろう。そこで民法は，買主が盗品や遺失物を競売や公の市場で購入した場合には，真の権利者は買主が支払った代価を弁償するのでなければ，目的物を回復できないとしている（194条）。

第3節　立木の物権変動

　民法上，土地に生えている樹木は土地の定着物として不動産として取り扱われ（86条），その所有権は土地所有者に帰属することになる（242条）。したがって，立木（土地に生立する樹木の集団）は土地と別に独立の取引対象とならないことになる。しかし，古くから立木はそれが生えている土地から切り離して独立に取引する慣行があり，この取引上の必要に応じるために「立木ニ関スル法律（以下，立木法）」が制定され，同法に基づき所有権保存の登記がなされた立木は，建物と同じように，地盤の土地から独立した不動産として取り扱われる（立木法2条）。さらに，立木法による登記を経ない立木も，樹皮を削って所有者の名を墨書するなどの**明認方法**を施すことによって，独立の不動産として取引の対象となることが，判例によって認められている。

1　明認方法

　明認方法は，樹木等が誰の所有なのかを公示する制度である。不動産登記では，前所有者や所有権取得の原因も公示されるが，明認方法では，これらを明らかにする必要はない。明認方法は，具体的には，立木の木の皮を削って所有者の名前を書く，立て札を立てておいたり，ロープでくくったりして誰の所有なのかを示しておく等の方法によって公示される。

　明認方法に対抗力が認められるためには，利害関係人が登場するまで明認方法は継続していなければならない（大判昭6・7・22民集10巻593頁）。例えば，Xが所有する樹木をAに売却し，Aは立て札を立てて自己の名前を書いていたところ，1年後にその立て札が無くなってしまっていた。そこでX

はさらに同樹木をBに売却しBが明認方法をすれば，Aはその樹木の所有権をBに対抗できないことになる。

2　明認方法の対抗力

　明認方法は，登記と同格の対抗力を有しており，原則として，登記の対抗力に準じて考えることができる。明認方法相互間，明認方法と土地の登記との優劣関係は，先にそれを備えたほうが優先することになる。

⑴　立木所有権の二重譲渡

　AがX所有地上の立木をXから譲り受けた後，BもXから譲り受けた場合。この場合には，先に明認方法を施した方が優先することになる。

⑵　立木所有権と土地所有権の譲渡

　AがX所有地上の立木をXから譲り受けた後，Bがその立木を含めてその土地をXから譲り受けた場合で考えてみよう。この場合，Aの明認方法と，Bの土地の所有権移転登記または，立木の明認方法との先後関係で当該立木の所有権の帰属が決することになる。

発 展 問 題

テーマ　占有改定と即時取得
　AはBに対してパソコンを売却したが，BはパソコンをそのままAに預けていた。その後，Aはすでにに売却したパソコンを自分の物だと言って，それを過失なく信じたCに売却した。そして，CもそのパソコンをAに預けたままにしておいた。この場合に，パソ

　上記のケースにおいては，占有改定によって即時取得が成立するかが問題となる。Ｂへの占有改定によりＢは178条の対抗要件を具備するから，所有権はＢに移転しＡはこの時点で無権利者となる。その無権利者であるＡを権利者であると信じたＣに対してなされた占有改定により即時取得が成立するとなると，Ｃが即時取得によりパソコンの所有権を取得することになる。

　この点について，**第2節2(3)** で述べたように判例は，占有改定では即時取得は成立しないという立場を採用している。これに対して，学説は占有改定による即時取得について，肯定説，否定説，折衷説に分かれている。肯定説は，取引安全のため占有により前主を所有者と信じた者を保護するという制度趣旨を重視し，占有改定による引渡しでも即時取得は成立すると主張する。この説を採れば，Ｃへの占有改定で即時取得が成立することになり，Ｃはパソコンの所有権を取得することになる。

　一方，否定説は，占有を現実に取得せず，主観的な信頼のみでは保護に値しないこと，否定説を採用する判例の「占有の事実に変化が無い限り権利者の信頼は裏切られてないから，かの者に犠牲を強いることはできない」という理由づけをその根拠に挙げる。否定説を採れば，Ｃへの占有改定により即時取得は成立しないので，パソコンの所有権はＢに認められることになる。

　折衷説は，一応肯定説の立場にたちつつ，占有改定により目的物についての即時取得を認めつつも，その成立は不確定・不完全であり，先に現実の引渡しを受けたものが優先されるとする。したがって，Ｃへの現実の引渡しがＢへの現実の引渡しよりも先である場合に限り，Ｃの即時取得が認められることになる。

第5章 所有権

【基本事項】

第1節 所有権の意義と内容

第2節 所有権の取得とその態様

第3節 共有

【発展問題】

テーマ1 建物区分所有

テーマ2 所有者不明土地の解消に向けた民事基本法制の見直し

> 基 本 事 項

第1節 所有権の意義と内容

1 所有権の意義

(1) 定義

物権の中で中心的な意義をもつ所有権の定義は，古典的なものとならざるをえない。<u>自己の所有物に対して，**全面的**かつ**排他的**支配を及ぼすことのできる，**絶対的**権利</u>というのが，その定義である（206条参照）。

所有「物」とは，所有権の客体とすることのできる有体の財貨をいう。財

産権も含まれるが，著作権や特許権のようないわゆる無体財産権は含まれない。

　全面的とは，所有物の財産的意味全般に及ぶことを意味するが，206条で「法令の制限内」と定めているように，様々な法律によって制限を受ける。例えば，農地の売買契約には農地法によって契約の履行に制限が加えられるし，公共施設建設予定地となった場合には所有権を失わざるを得ない場合もある（土地収用法）。また，不動産等の所有権者は，他者のためにその不動産上に所有権を除く他の物権を設定することができるが，所有権の行使はその分縮減されることになる。

　排他的とは，**一物一権主義**にも通じ，同じ1つの物の上に2つ以上の所有権が並立することはありえないという意味である。もし，1筆の土地の上に所有権が2つあるとすると，どちらが優先するかということを巡って争いとなるだけなので，法はそのような状況は作らない。留意したいのは，1つの所有権について複数の所有権者がいる場合は認められていて，それを**共同所有（広義）**といい，権利の調整は内部問題となる（本章**第3節**参照のこと）。

　絶対的とは，近代市民法の理念の1つとして「所有権の絶対」で示されるように，世の中のどのような権力に対してでも，所有権者としてその権利をあらゆる人に対して主張できる**対世的効力**があるという意味と同時に，所有権が時効消滅することが無いという意味をもつ。取得時効によって，時効取得が認められると，元の所有権者は反射的にその所有権を失うと解される。

(2) 物権的請求権

　以上のような性質をもつ所有権は，円満な状態で維持されるべきゆえに，物権的請求権が導かれる。所有権に関する物権的請求権規定は民法には無く，**占有訴権**を参照することになる（197条以下，本書**第7章**を参照）。

i　所有物返還請求権　　所有権者がその所有物の占有を何らかの不正な理由で失った場合に，占有者に対してその物の回収を請求できる権利である。

ii　所有物妨害排除請求権　　所有権者の円満な所有権行使を妨げる状態に

対して，それを除去することを請求できる権利である。

iii　所有物妨害予防請求権　　今後所有権の円満な行使を妨げる状態が予想できる場合に，予防措置を講じるように請求できる権利である。

2　所有権の内容──土地所有権の範囲と調整

　所有権の中でも土地所有権については，限られた国土と密集した住宅状況という日本的特色からも，土地の有効利用という社会的かつ経済的観点からも，その範囲がどこまで及ぶかということや，近隣との相互調整は重要である。

(1)　範囲

　207条で定めるように，土地所有権の効力はその土地の上下に及ぶ。土地の行政区分に応じた高さの建物を建てる権利や，自宅に井戸を掘る権利は土地所有権に基づく。ただし，これらの権利は無制限に認められるのではなく，土地利用の範囲内で考えるべきである。自宅の上空を飛行機が飛ぶことや，地下40メートルより深いところを地下鉄が通ること（「大深度地下の公共的使用に関する特別措置法」）を所有権によって制限できないのは，そこまで土地所有権が及ばないからである。通常人の利用可能性が無い部分には，土地所有権は及ばない。

(2)　相隣関係（209条〜238条）

　隣接する土地相互の利用調整に関する定めを，相隣関係という。土地の位置関係などの客観的状況に基づく，あくまでも**「利用」**調整であり，所有権自体を制限する制度ではない。また，「隣接」は必ずしも隣り合わせという意味ではなく，近隣の土地の場合もある。民法上に定めはなされていても，民法よりもその地域での慣習法が優先する場合もあるし，公法的な規制による影響も受ける。

i　所有者に隣接者のための忍容義務を課すもの──土地の使用，通行，排水

外壁の工事などのために敷地に入って梯子を掛けさせて欲しいと，隣地住人に頼まれたら，これに応じる義務は無くても，応じないと権利の濫用となりうる（209条）。

土地は道路，なかでも公道に接していないと，自由な利用が制限され，不動産価値が激減する。しかし，土地の分割等に伴い公道に接していない土地（袋地）が生じることがある。袋地を利用するためには，他人の土地を通行する権利が必要で（210条），これを**隣地通行権**または**囲繞地通行権**というが，通行する土地の所有権を制限することにもなるため，償金の支払い義務が生じる（212条）。なお，共有地分割による袋地には，隣地通行権はそもそも当該袋地に付着した物権的権利として認められ，償金の支払い義務は認められない（213条，最判平2・11・20民集44巻8号1037頁）。

排水についても同様に，通水権が認められる（220条など）。

ii　相隣者と協力する積極的義務を課すもの（223条〜232条）　　隣地との境界に，それまで無かった塀などを新たに設ける際には，隣地者間で負担するのが原則である（223条〜226条）。すでに存在していている塀などの所有者が不明な場合には，隣地者の共有と推定される（229条）。

iii　竹木の根や枝の切除に関するもの（233条）　　隣地に植えてある植物が自宅に枝などを伸ばしてきた場合に，その植物の根が隣地にある限り，伸びた枝を勝手に切ることはできず，基本的には隣人に切ってもらうしかない（233条1項・3項）。隣地と同じ植物が自宅内に根を張った場合には，自分で切ることができる（同4項）。

iv　所有権者に一定の利用をしないように制限を加えるもの（234条〜238条）──接境建築　　日照，通風，防火などの設備を備えるには，早い者勝ちではなく，調整を必要とする。所有権行使に公平さが求められることと，良好な住環境の実現のためである。

建物を建てる場合には，境界線から50cm以上離さなければならず（234条）これは強行規定だが，市街地中心部のように土地の利用度が高く，建物

が密集している場合には，外壁を隣地境界線に接して設けることができる（建築基準法63条）。

　建築建物が境界線からの距離が50cm以上1m未満で，隣地を見通すことができる位置に窓やベランダを設ける場合には目隠しを設置しなければならない（235条）。1m以上なら必要無いのかといえば，状況に応じて目隠しを設置するのが，良好な住環境の実現には必要である。

　また，境界付近を掘削する工事をする際には，一定の距離を空けるだけでなく（237条），土地の崩落などを避けるべく注意義務を負う（238条）。

第2節　所有権の取得とその態様

　ペットショップで猫を買う場合と，捨て猫を飼い始めるのでは，所有権の取得態様としては全く異なる。前者では，売買契約という法律行為によって猫に対する所有権が生じ，その猫について前主であるペットショップが設定した権利を買主は引き継ぐことになる。このような取得を承継取得といい，法律行為の他には相続の場合も該当する。

　捨て猫を飼い始める場合，自分で獣医に連れて行って病気が無いか調べたり名前をつけるなどその猫に関するあらゆる権利義務がそこから始まる。このような取得を原始取得という。捨て猫の場合には無主物先占に該当するが，原始取得の方法にはその他に，時効取得，即時取得，遺失物拾得，埋蔵物発見，添付などがある。

　以下では，原始取得の中で時効取得と即時取得とを除いた所有権の取得方法について学ぶ。

1　前主がいないか，わからない場合

(1)　無主物先占（239条）

所有者のいない（無主の）動産について，所有の意思をもって占有取得す

ることで，いわば早い者勝ちでその動産を占有して所有権が認められる制度である。先に挙げた，捨て猫を飼う意思で拾うことがその典型である。しかし，川や海では自由に魚釣りなどはできない。漁業入会権を侵害することとなり得るからである。ゴルフ場内の池に落ちたロストボールは，ゴルフ場に管理権があり，無主物ではない（最判昭62・4・10刑集41巻3号221頁）。

　また，あくまでも「動産」についてである。不動産については，所有権者が一度も定まったことがなければその不動産は国家に帰属する。所有権者が不明の場合には，その不動産の所有権者を明らかにすることが先決である（**【発展問題】テーマ2**参照）。

(2) 遺失物拾得（240条）

　遺失物とは，占有者が知らない間に，盗難以外で占有を失ってしまった物をいう。落とし物，逃げたペットなどが該当する。遺失物については，遺失物法によって所有権の行方が定められている。

(3) 埋蔵物発見（241条）

　埋蔵物とは，土地その他の物の中に，外部からは容易には見つけることができない状態で包蔵されている上に，所有者を判別しにくい物のことである。工事中にたまたま見つけた古代の土器や何らかの遺物などは，無主物または遺失物であり，埋蔵物ではない。「埋蔵」あるいは「包蔵」された状態になっていることが要件である。

　友人の家の物置の掃除を手伝っていたら，ホコリにまみれた小箱を発見し，その中に小判が入っていたような場合には埋蔵物に該当し，発見者には1／2の持分が認められる。埋蔵物が文化財の場合には，発見の状況次第では文化財保護法によりそれは国庫に帰属し，報奨金が支払われる。

2 添付

添付とは，所有者が異なる複数の物が物理的変化を伴って1つの物となり，原状に戻せないか，戻すことには無理があり社会的にも経済的にも損失を招きかねない状態をいう。その内容は付合，混和，加工の3種類である。3種類には，以下の性質が共通している。

① 原状に戻す請求（復旧請求）を認めない。

② 添付によって生じた物は，誰かの単独所有か，共有とする。

③ ①，②によって損得が生じうるため，当事者間の衡平が図られる。

④ 添付によって消滅しうる元の物の上にあった権利保護が図られる。

留意しなければならないのはこれらの規定の意味である。①は，添付の意義そのものであるため，強行規定である。②は，所有権の客体が決定されるゆえに，同じく強行規定である。これらに対して，③と④は，私人間の利益調整であるため任意規定である。

(1) 付合（242条～244条・247条・248条）

所有者の異なる2個以上の物が結合して1個の物になったと認められる場合を付合という。2個以上の物とは，不動産と動産の場合と，動産と動産の場合である。

不動産と不動産では，それらが建物の場合には不動産登記法49条によって「合体」として扱われ，新たな建物となる。土地同士または土地と建物の場合は，それぞれが独立した1筆の不動産のまま存続する。

i 不動産への付合──不動産（所有権者A）の上に動産（所有権者B）が設置される場合 A所有の甲土地に，Bが檜の苗木（乙）を植えた。檜が育っていることに気づいたAがこれを伐採して木材として使ったら，BはAに損害賠償請求ができるだろうか。

檜を土地から分離すると，枯れてしまうだけなので，生育している状態に付合が認められる。それゆえに檜の若木は原則として土地所有者Aの所有

権の対象となる。Ｂが勝手に植えたのなら，Ａに対して当然に損害賠償請求できない。Ｂが土地の境界線を勘違いしていたための植樹であっても同様である。Ｂの植樹に**権原**が無いからである。

　ＢがＡから甲土地に賃借権の設定を受けていた場合には，権原が認められ（242条ただし書），ＢはＡに損害賠償請求できる。賃借権の他にも，地上権，永小作権でも同様である。

　付合された動産が不動産の**構成部分**になった場合を「**強い付合**」，不動産上に付属されても取引上の独立性がその動産に認められる場合には「**弱い付合**」という。上の例は，いずれも「強い付合」である。植樹ではなく，物置を設置するなどのような場合が「弱い付合」であり，ＡはＢに妨害排除請求権（物権的請求権）を行使できる。

ⅱ　動産の付合——動産に他の動産が付属される場合　盆栽自慢のＡとＢが，それぞれの盆栽を１つの鉢植えに植えたらもっと立派な盆栽になると考え両方を合体させたら，その鉢植えには新たな価値が生じる。この場合に所有権は，そもそもどちらの盆栽が「主たる」動産であるかによって定まる。「主従」が判別できない場合には，Ａ・Ｂの共有となるが，元々の盆栽の価値によって共有の割合が定まる。

(2)　混和（245条・247条・248条）

　混和とは，所有者が異なる複数の物が混ざり合って，元々の物を区別することができなくなることであり，動産と動産に限る。穀物などの固形物や，酒や醤油のような液体が想定されている。

　判例では，宝くじの購入を依頼された場合に，番号指定などが無く他の人の分とまぜこぜになった場合には，当選金は出資金の割合に応じた分配とされた（盛岡地判昭57・4・30判タ469号210頁）。

(3)　加工（246条）

　ある人の所有する動産に，他人が工作を加えて新たな動産とすることを**加**

工という。その加工物の所有権は，元々の所有者にあるのが原則だが，工作によって価値が遥かに増加した場合には加工した者に所有権が認められる。

　Aの小麦粉を使ってBがパンを焼いた場合，それがAの注文による場合には明らかにAの所有物だが（632条），Bが間違えてAの小麦粉を使った場合にもパンはAの所有となる。Bが所有権を得るためには，Aに小麦粉の対価を支払う方法となるが，Aがこれを認めなければパンはあくまでもAに帰属する。

第3節　共有

　これまで学んできた所有とは，**単独所有**のことである。所有の仕方が，単独所有でなければ**共同所有**であり，この略称として**共有**が用いられるのが一般的である。

　共有とは，複数人が共同で1個の物を所有することであり，共同所有者すなわち共有者は単独所有者とは異なり，全面的かつ排他的に所有権を行使することはできず，共有者間でお互いに権利を制約しあうこととなる。そのため，共有者間の権原に関するルールを民法では249条から264条までに定めている。共有には，複数人で物を所有する団体を構成している側面もあり，団体構成員のためのルールともいえる。

　なお，264条で定める**準共有**は，複数人が共同で，1個の所有権以外の権利を所有するこという。対象となる権利は，物権の他に特許権，著作権，鉱業権などがある。

1　共有の種類

　「家族で土地を共有している」と言う場合の共有は，当該土地についての1つの所有権が家族全員にあるという意味で，この場合の共有は厳密には**狭義の共有**という。これに対して，表題の共有とは広義の共有のことであり，

狭義の共有以外に，**総有**と**合有**を含む。

(1) 狭義の共有

一般的にイメージされている共有が，狭義の共有である。当事者同士が意識的に所有権を共有する場合もあれば，法の仕組みによって共有を開始している場合もある。

別荘を持ちたいが1人では資金を賄えない場合に，親しい人を募って資金を出し合ってあって別荘を購入する場合が，意識的に所有権を共有する例である。共有者間では，別荘の利用方法だけでなく管理費や修繕費をどのように分担するかが問題となる。

後者の例としては，相続がある。家族が財産を残して他界したと同時に，その財産について相続人による共有が開始している。複数の相続人間で，遺産分割についての協議が成立し遺産が分割されるまでの間が狭義の共有で，分割がなされると共有は終了し，個々の分割財産についての単独所有になる。

共有財産について，各自には**潜在的な持分**がある（持分の詳細に関しては，本節 **2** 参照）。持分または持分権の存在が狭義の共有の特色である。

(2) 総有

都会生活では意識することのない共有が総有であるが，民法総則の社団の項目で学んだ権利能力なき社団における財産の所有の仕方は総有の例の1つである。

総有では共有者に持分が無いため，持分を独自に処分することはできない。権利能力なき社団において，組織全体として行動することはできても，組織の一員が組織名の下で行動することはできない。組織名の下での登記や訴訟では，全体での行動が求められている。

総有では持分権が無く，集団を離脱しても財産の払戻しや分割請求権は認められない。

(3) 合有

狭義の共有や総有とは異なり，共同の目的のために意識的に集合した当事者間における所有関係を合有という。例えば，資金を出し合って共同経営をしている場合に，持分に基づく分割請求や持分の譲渡は，共同経営を揺るがすことになるので認められない。ただし，払戻しは認められる。

合有とは共有当事者が共有に至るあり方によって観念されるが，判例では狭義の共有の特殊な形態とするようである（最判昭38・2・22民集17巻1号235頁）。

2　共有に関する原則

(1)　持分，もしくは持分権

共有も，所有には変わりない。所有権を行使できる人（以下，共有者）が複数人いることによって，単独所有権とは異なり，所有権行使に制限が加わる場合があっても，所有権の性質に由来する権利が本来的にありそれを，持分もしくは持分権という（以下，持分）。持分の効力は，所有権の客体（以下，共有物）全体に対して及ぶ。

i　持分割合　各共有者が共有物に対して有する持分の割合は，共有者の意思または法律の規定によって定まる。A・B・Cの3人で120万円の車を購入する場合，Aが60万，Bが40万，Cが20万負担したのならそれぞれの持分は，1／2，1／3，1／6となる。負担額以外の要素も加えるとして持分が定まらなかった場合には，各自に1／3の持分があると推定される（250条）。なお，不動産を共有する場合には，持分は登記しなければならない（不動産登記法59条）。

ii　持分の処分　各共有者は，持分を譲渡したり抵当権を設定するなど，処分する自由はある。処分の相手方は，その処分によってただちに分割請求権を行使できるのではなく，新たな共有者となったに過ぎない。

(2) 内部関係──全員一致（変更）／多数決（管理）／単独可（保存行為）

例

　A・B・Cの3人が平等割合で別荘用の甲建物を共有しているとする。

①甲建物にサンルームを増設することは，A・B・Cは自由にできるか。

②3人ともしばらく甲を利用できないことがわかったAが，独自にこれを第三者に賃貸することはできるか。

③甲に雨漏りがみつかったので，Aは業者に依頼して修理し代金30万円を支払った。修理代金をB・Cに求めることはできるか。

④Aはもう甲を使うことはないと考え，出資金を回収したいと考えたが，Bは出資金返還には応じたくない。CはA・Bの争いに巻き込まれたくないと考えている。

---

i　共有物の使用　　共有物の使用は，その持分に応じる（249条）。上の例では，A・B・Cに平等の持分があるため，例えば1年の内4か月ずつそれぞれが使用する権利がある。

　時間的ではなく，甲を物理的に分けて使用することにした場合，誰か1人が全体を占拠したとしてもこれを追い出すことは必ずしもできない。それぞれが所有権を行使しているのだから，明渡しを求めるだけの理由が必要とされる（最判昭41・5・19民集20巻5号947頁）。

ii　共有物の変更　　共有物に変更を加えるには，他の共有者全員の同意が必要であり，勝手な変更に対して，他の共有者は変更の禁止や原状回復請求ができる（最判平10・3・24判時1641号80頁）。上の①は変更に当たるため，全員の同意が無ければ自由には増設も改装もできない。

iii　共有物の管理　　管理とは，価値の維持や，実現または増大をいう。管理をする際には，変更を伴ってはならない。②は管理に該当し，BかCの

どちらかがこれに同意すればAは過半数を得られ，賃貸することはできる（252条）。

iv　共有物の保存行為　共有物に関する保存行為とは，共有物の現状維持で，これに反するのが物理的滅失や損傷である。保存行為は各自が自由にできる。③の雨漏り修理は保存行為なので，Aは任意にこれを行うことができ，必要経費は，各自が持分に応じてこれを負担する（253条）。③ではAはB・Cにそれぞれ10万円ずつ請求することができる。

v　共有物の分割請求　共有者が共有から単独所有に変更したいと考えたとき，もしくは所有権を処分したいと考えたときは，他の共有者にはそれを阻むことはできない。Aが分割請求した場合に，BとCは分割方法を協議して実行する義務がある（256条）。協議が整わない場合には，Cが争いを望んでいなくとも訴訟にすることができる（258条）。

　分割方法は，**現物分割**ができなければ**代金分割**，それもできない場合には**価格賠償**となる。分割ができないか，分割によって価値を著しく減少させる恐れがある場合には，共有物を競売に出すこととなる。

　上の**例**の④では，甲は土地建物もしくは建物の一部と考えられるので分割自体は困難である。また，Aは持分に基づく分割請求をしているのではなく出資金の返還を望んでいるので，B・Cに資金が無ければ，甲を売却して出資金を返還するしかない。B・Cに資金があれば，出資金を返還することとAの持分放棄を引換えにして，Aの持分をBとCに帰属させればよい（255条）。

　このように，物の効率的利用や処分のため，共有関係の解消は容易にできる。ただし，分割しない旨の契約をしている場合（256条1項），境界標など境界線上の設置物（257条），組合財産については持分に基づく権利行使は制限される。

vi　費用負担　税金などの公租公課は，持分に応じて負担する（253条1項）。それぞれの収益可能性に相応すべきだからだ。負担に応じない共有者に対しては，催告をしても1年以内に応じなければ，償金を支払ってその持

分を取得することができる（同2項）。団体ルールに従わない者に対して，メンバーから除外するという意味となる。

(3) 対外的関係

i 保存行為 上の**例**の③とは異なり，第三者が甲を不法占拠している場合には，A・B・Cの誰もが単独で妨害排除請求権を行使することや，持分権の確認請求や返還請求をすることができる（最判昭40・5・20民集19巻4号859頁）。ただし，損害賠償請求については，自分の持分の範囲に限る（最判昭41・3・3判時443号32頁）。

ii 共有権確認訴訟 第三者に対して境界確定の訴えをする場合には，共有者がこの訴訟に同調しないと意味をなさないので，同調しない共有者を第三者と同様に被告として訴訟をすることができる（最判平11・11・9民集53巻8号1421頁）。

発 展 問 題 〉〉〉 〉〉〉

テーマ1　建物区分所有

　住居用またはオフィス用に不動産を所有する際に，マンションやテナントビルの一角を所有する場合がある。土地や建物の所有とは異なる所有のあり方だが，意外と身近な法理であり，将来に備えて学んでおきたい。

　建物の一角を所有する場合に成立する所有権を，**区分所有権**といい，「建物の区分所有等に関する法律」（以下，区分所有法〔昭和37年法律69号〕）が適用される。

　例えば集合住宅に暮らしていると，ドアを閉めるとそこから我が家だと思える。確かに，ドアの内側から単独所有権を行使できるが，それはベランダ

までなのか，窓までなのかという疑問が生じうる。さらには，階段や廊下，駐車場の所有権はどうなのかという疑問も生じてくる。

これらについて，区分所有法では以下のように定めている。

1 所有関係

(1) 専有と共用

専有部分とは，構造上と利用上の独立性が認められることから区分所有権の対象となる部分をいう。所有権者には，一応，自由な管理・利用・処分が認められている。一応というのは，建物全体としては**管理組合**を通した団体的拘束を受けるためである。具体的な専有部分は，入口ドアからベランダに通じる窓までである。

共用部分とは，電気の配線，ガス・水道管，貯水槽，階段や廊下，駐車場などのように，専有部分や建物全体のために必要な部分をいう。区分所有法では，法定共用部分（区分所有法4条1項）と，管理組合で定めた規約による規約共用部分（同2項）がある。後者は，対抗要件として登記を備えなければならない。駐車場は後者に属する。

(2) 敷地

敷地は区分所有者全員の共有であり，誰もが敷地利用権を有する。敷地利用権が無ければ区分所有が成立しないので，専有部分と敷地利用権との分離処分は禁止されている（分離処分禁止の原則）。規約に別段の定めの無い限り敷地についての共有持分は，区分所有の持分割合に応じる（同法22条）。

2 区分所有建物の管理

区分所有権者は全員で管理組合を構成し，集会を開き規約を設けなければならない。不動産全体の管理，変更については3／4以上の特別多数決（同

法17条1項）によるが，費用負担は持分割合に応じる。

3　区分所有建物の復旧と建替え

⑴　復旧

　建物の一部分の滅失，すなわち建物価格の1／2以下についての小規模滅失の場合，各区分所有者は復旧ができる。建物価格の1／2を越える部分の滅失は大規模滅失であり，議決権者の3／4以上の特別多数で復旧することができるが，反対する者に対しては，時価買取権を行使することができる（同法61条）。

⑵　建替え

　重大な損傷や著しい老朽化の場合には，4／5以上の多数決で建替えを決議できる（同法62条）。

> テーマ2　所有者不明土地の解消に向けた民事基本法制の見直し

　所有者不明土地は，相続に際して登記がされないことを主な理由として発生している。相続登記申請が義務ではなかったことや，都市部への人口集中，地方の土地ニーズが下がっていること，さらには遺産分割しないまま相続が繰り返されたことなどが背景にある。少子高齢化の進展により今後ますますこの問題が深刻化するおそれがあるのも明らかなため，民事基本法制の見直しが図られた。

　改正された法律は，**不動産登記法**と**民法**の一部である。新たに，**相続土地国庫帰属法**も制定された（すべての公布は2021年4月28日）。これらの法律を通して，所有者不明土地の発生予防と，土地利用の円滑化が図られると同時に，法務大臣による要件審査や承認を経て，望まない相続などにより取得し

た土地を管理費10年分の相当額を納付することによって，その土地を国庫に帰属させる方法が用意された。

　この施策により，公共事業や復旧・復興事業の円滑な進展，民間取引の阻害要因や隣接土地への悪影響の発生を取り除くことが目指されている。施行は公布後2年以内に政令によって定まる。

第6章 用益物権

基 本 事 項

第1節　用益物権とは

　所有権は，全面的な支配権であるが，民法典には，**用益物権**と呼ばれる，土地を全面的に支配するのではなく，その使用価値のみを支配する権利が規定されている。つまり，所有権に比べて，支配内容が制限された物権である。用益物権の場合，用益物権者と土地の所有権者は異なることになり，用益物権者は，土地の所有者との間で用益物権設定契約を結んだ結果，用益物権を取得することになる。用益物権には，地上権，永小作権，地役権，入会権がある。以下では，それぞれの用益物権について，解説していくことにする。

第2節　地上権

1　地上権の意義

　地上権（265条）とは，工作物・竹林の所有を目的として，他人の土地を利用する権利である。工作物とは，建物・道路・電柱など，地上や地下の建造物のことであるが，建物の場合が多い。竹木とは，植林の目的で植えられた立木のことである。果樹・野菜など耕作を目的として植栽されたものの所有の場合には，地上権ではなく永小作権が設定される。

　民法上，他人の土地を利用する権利としては，使用貸借契約による使用借権，賃貸借契約による賃借権，地上権設定契約による地上権が挙げられる。この中で，賃借権と地上権の違いが重要である。まず，地上権は物権である一方で賃借権は債権であるという点に違いがある。その他に，両権利とも登記をすることにより，第三者へ対抗することができるが，地上権と賃借権では事情が異なる。賃借権の場合，賃借権の登記（605条）において，賃貸人が協力をしてくれない場合，賃借人は賃貸人に対して登記請求権を有しない（大判大10・7・11民録27輯1378頁）一方で，地上権の場合には，土地の所有者に対する登記請求権を有しているため，土地所有者が登記に協力しない場合には，登記請求権を行使して，確定判決を取得すれば，単独で地上権設定登記の申請ができる。

　また，存続期間についても，賃借権は50年という上限があるが（604条），地上権には存続期間に制限はない。また，賃借権は賃貸人の承諾が無いと，賃借人が賃借権を譲渡したり転貸をすることができないのに対して，地上権の場合，地上権者は自由に地上権を譲渡したり，地上権の目的となっている土地を第三者に賃貸することができる。

2　地上権の成立

地上権は通常，土地所有権者との間の地上権設定契約により成立する。また，時効による地上権の取得も可能である（163条）。また，388条が定める要件が満たされる場合，民事執行法81条により法定地上権（本書**第9章第5節**参照）が成立する。

3　地上権の効力

(1)　地上権者の権利

地上権者は，設定行為などで定められた範囲内で，工作物または竹木を所有するため他人の所有地を使用収益することができる（265条）。ただし回復困難な損害を生ずべき変更を土地に加えることはできないと解されている（271条参照）。地上権が設定されると，土地の所有権者は，その土地に対する使用収益権を失うことになる。

地上権は物権であり，地上権者は土地に対して直接の支配権を有していることから，自ら直接に土地を使用でき，また利用に適した状態にすることができる。それゆえに，土地所有者は，修繕義務などの積極的な義務を負わない。

(2)　地上権の処分

賃借権とは異なり，地上権者は所有権者の承諾なくして自由に地上権を譲渡でき，地上権の目的となっている土地を第三者に賃貸することができる。また，地上権者は，地上権を目的とする抵当権（本書**第9章第1節**参照）を設定することもできる（369条2項）。

(3)　物権的請求権

地上権を設定している土地を不法占拠している者がいる場合，地上権者は

不法占拠者に対して直接に妨害の排除を請求できるのであろうか。地上権は物権であるので，地上権者は地上権が侵害されたときは，侵害者に対して直接に物権的請求権（本書**第 1 章**参照）を有している。それゆえに，上記の例では，地上権者は不法占拠者に対して，直接的に妨害の排除を請求できる。また，不法行為に基づく損害賠償を請求することもできる（709条）。

⑷　地上権者の義務

　永小作権における小作料とは異なり，地上権における地代は地上権の要素ではないので，地上権者に地代支払義務を生じるのは当事者間で約定のある場合に限られる。地代の支払いに関しては，永小作権に関する274条〜276条や賃貸借に関する規定が準用される（266条）。

4　地上権の存続期間

　地上権の存続期間は当事者が約定により自由に決めることができる。存続期間を定めなかった場合において，別段の慣習が無いときは，地上権者はいつでも地上権を放棄することができるが（268条 1 項），地上権者がその権利を放棄しないときは，当事者の請求により，裁判所は，当事者の請求により20年以上50年以下の期間で工作物や竹木の種類および状況その他，地上権の設定や，当時の事情を考慮してその存続期間を定めることになる（同条 2 項）。

5　地上権の消滅

⑴　地上権の終了

　地上権は，期間の満了により消滅するが，建物所有を目的とする地上権については法定更新制度がある（借地借家法 5 条）。また，期間内であっても当事者の合意により地上権を消滅させることができる。また，上記 **4** で説明し

たように，存続期間を定めなかった場合において，別段の慣習が無いときは，地上権者はいつでも地上権を放棄することができるが（268条1項），地代支払義務がある場合には1年前に予告するか，または，期限の到来していない1年分の地代を支払わなければならない（同項ただし書）。

(2) 地上権消滅の効力

地上権者は，地上権が消滅したときは，土地を原状に復して土地所有者に返還する義務を負うとともに，地上権消滅の時に土地を原状に回復して土地上の工作物および竹木を収去することができる（269条1項本文）。ただし，土地所有者が時価相当額を提供して土地上の工作物や竹木を買い取る旨を通知したときには，地上権者は正当な理由が無ければこれを拒むことができない（同ただし書）。

> 【コラム：区分地上権】
> その権利が土地の上下に及ぶ一般の地上権に対して，地下や土地上の空間の一定の範囲を目的として設定される地上権を区分地上権という。他人の土地の地下に地下鉄路線を敷設したり，他人の土地の空中にケーブルや橋梁を敷設するなど，土地利用の立体化の必要性が生じたため，1966年の民法改正により新設された。区分地上権の性質・内容は基本的には一般の地上権と同様であるが，269条の2に特別なルールが規定されている。

第3節　永小作権

1　永小作権の意義

永小作権（270条）とは，耕作または牧畜の目的のために，他人の土地を利用する権利である。現在，耕作に利用されている土地利用権のほとんどは賃借小作権であり，永小作権はほとんど利用されていないと言われており，

本節では簡単な説明にとどめることにする。

2　永小作権の成立

　永小作権は通常，土地所有者との間の永小作権設定契約により成立するが，遺言，時効による取得もありうる。

3　永小作権の効力

(1)　永小作権者の権利

　永小作権者は，設定契約によって定められた用法に従い耕作または牧畜をなす目的で他人の所有地を使用収益することができる。目的に反する使用収益は許されない。

　永小作人は設定行為で禁止されている場合や特に異なる慣習が無い限り，永小作権を他人に譲渡し，または永小作権の存続期間内において土地を賃貸することができる（272条・277条）。また，抵当権の設定も可能である（369条2項）。

(2)　永小作権者の義務

　永小作権は，小作料を支払うことを要素としており，これは地代を要素としていない地上権とは異なる点である。それゆえに，永小作権者は土地の所有者に対して小作料の支払い義務を負うことになる。

(3)　対抗要件

　永小作権は登記をすることにより第三者に対抗することができる。

4 永小作権の存続期間

　永小作権の存続期間は20年以上50年以下で設定できる（278条1項）。20年以下の場合は，賃貸借契約であると解され，50年以上の場合は50年に短縮されることになる（同条2項）。設定行為で存続期間を定めなかった場合で，慣習が無いときには30年とされる（同条3項）。

5 永小作権の終了

　永小作権は土地の滅失，存続期間の満了，混同，消滅時効により消滅する。また，永小作人は，不可抗力によって，引き続き3年以上全く収益を得ず，または5年以上小作料より少ない収益を得たときは，特に異なる慣習のない限り，その権利を放棄することができる（275条）。永小作人が引き続き2年以上小作料の支払を怠ったときは，特に異なる慣習のない限り，土地所有者は永小作権の消滅を請求することができる（276条）。

第4節　地役権

　地役権（280条）とは，ある土地の便益のために，他人の土地を利用する権利である。例えば，Aが所有している甲土地から道路に出るのに，Bの乙土地を通行させてもらったほうが便利な場合に，その他人の土地を通行させてもらう権利（これを「通行地役権」と呼ぶ）などが，これに当たる。地役権によって便益を受ける土地を**要役地**（上記の例では甲土地），要役地の便益に供される土地を**承役地**（上記の例では乙土地）と言う。

1 地役権の成立

　地役権は，要役地の所有者と承役地の所有者との間の地役権設定契約によ

図1　要役地と承役地のイメージ

り成立する。

　土地の開発や分譲が行われ，その際に通路が開設されたが，その通路の使用について通行地役権の設定合意がされることなく，そのまま使用されている場合において，通路の所有者が通行地役権の負担をすることが客観的に見て合理的であると考えられるような特別な理由があるときには，設定契約が無くても**黙示の設定契約**があると解される。

　設定契約の他に，遺言，相続，時効による取得も可能である。時効による取得の場合には，地役権が継続的に行使され，かつ，外形上認識されることができる必要がある。承役地の利用が承役地所有者に外形的に認識できないと，承役地所有者が時効の完成猶予や更新の措置をとるのが難しいからである。

　地役権の設定・移転は登記をしないと第三者に対抗することができない。最初の例で，Bが乙土地をCに譲渡した場合，Aは地役権の登記していないとCに対して地役権を対抗することができない。

　地役権の存続期間については，特に民法上の規定は存在しない。

2 地役権の効力

(1) 承役地使用権

地役権者は，設定契約で定めた目的に従って，時効取得の場合には，時効取得の基礎となった占有の態様に従って他人の土地（承役地）を自己の土地（要役地）の便益に供する権利を有する。ただし，地役権者の承役地の使用は，地役権の目的を達するのに必要であり，かつ承役地所有者に最も損害の少ない範囲に限られると解される。

(2) 物権的請求権

地役権は物権であるので，地役権の侵害があった場合には地役権に基づく物権的請求権を行使することができる。具体的には，地役権の行使を妨げる者に対する妨害排除請求権の行使が可能である。ただし，地役権には，承役地に対する占有権能が無いために，承役地の返還請求権は行使できないと解されている。

(3) 地代

地役権においては，地代を要素としていないために地代は当然に発生するわけではなく，当事者間で合意した場合に限られる。

3 地役権の消滅

地役権は，承役地または要役地の滅失，存続期間の満了，承役地の放棄（287条），混同（同条）により消滅する。また，承役地の占有者が取得時効に必要な要件を具備する占有をしたときは，地役権はこれによって消滅する（289条）。さらに，地役権は消滅時効により20年で消滅する（166条2項）。消滅時効の期間は不継続地役権については最後の行使の時から起算し，継続地役権についてはその行使を妨げる事実が生じた時から起算する（291条）。

第5節　入会権

1　入会権の意義

　入会権とは，村落など一定の地域に住む住民集団が，山林などから薪や山
菜をとるなどの収益をする，慣習上の権利である。入会権の客体となる土地
を入会地といい，入会権の帰属主体としての共同体を入会団体ないし入会集
団という。民法には「共有の性質を有する入会権」(263条）と「共有の性質
を有さない入会権」(294条）が規定されている。前者は，その土地の所有権
が，入会集団にある場合をいい，各地方の慣習の他，共有に関する規定が適
用される。後者は，その土地の所有権（登記簿上の形式的所有権）が入会集団
に無い場合をいい，各地方の慣習の他，地役権に関する規定が準用される。
ただし，実際には入会権に共有の規定または入会権の規定が準用されること
はほとんどなく，入会権者およびその利害関係者の間で長年に渡り積み重ね
られた取決め，規約，暗黙の合意等の慣習により規律される。

2　入会権の内容

　入会権者は，その地域の慣習と入会団体の規約に従って，薪，草の採集な
どのために共同して入会地を使用収益することができる。入会権は，権利者
である入会団体の構成員に総有（本書**第5章**参照）的に帰属していると考え
られており（最判昭41・11・25民集20巻9号1921頁），各構成員は，入会団体
の総有に属する土地について持分権（本書**第5章**参照）を有しない。

3 入会権の対外関係

(1) 入会権の公示

入会権は，不動産登記法3条の「登記することができる権利等」に列挙されていないために，登記をすることができない。ただし，登記が無くても第三者に対抗できると考えられている。もっとも，共有の性質を有する入会権の場合には，所有権の登記は可能である。しかし，法人格を有しない入会団体の構成員に総有的に帰属する不動産については，入会団体名義での登記をすることはできないため，その代表者が個人名義で登記をすることになる。

(2) 入会権の対外的主張

入会権者は，自らの使用収益権の確認請求や使用収益権に対する妨害排除請求などを単独で行うことができる（最判昭57・7・1民集36巻6号891頁）。他方で，入会権自体の確認を求めることは，入会権全体に関わることであるので，原則として入会権者全員が共同で行わなければならない（固有必要的共同訴訟によらなければならない）とされている（前掲最判昭41・11・25）。ただし，入会団体構成員の1人でも非協力的である場合に，他の構成員が権利行使を行うことができないのは妥当ではないため，判例はある一定の場合に訴訟要件を緩和している（最判平6・5・31民集48巻4号1065頁，最判平20・7・17民集62巻7号1994頁）。

第7章 占有

基 本 事 項

第1節　占有の意義

1　意義

　占有は，ある物を事実上支配している状態を指す。民法は物を支配する権限の有無にかかわらず，その事実的支配状態を尊重して保護することにした。そのため所有権などの物権や契約に基づく債権など，一定の権利に基づいて物を支配する場合のみならず，他人の物を無断で不法に支配している場合で

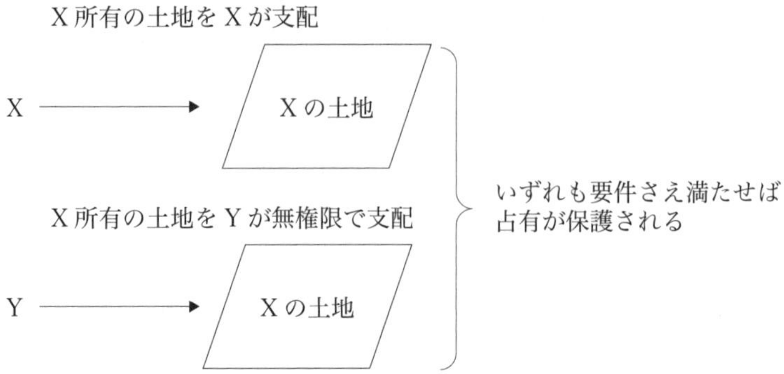

図1　権限の有無を問わない占有の保護

あっても要件を満たせば占有が成立し，法的保護が与えられる（**図1**）。そして占有を法的に保護するために与えられる権利が**占有権**である。ただし占有権という権利をあらわす言葉が民法の条文でも使われているが，この権利も占有という状態と結びついている点に注意が必要である。占有が失われれば占有権も失われるため（203条参照），占有と占有権を区別する意義はあまりない。そのためここでも原則として占有という言葉を用いることにする。

【コラム：占有制度の歴史的経緯】

　占有は，ある物を事実上支配しているという状態を法的に保護するための制度である。この制度はローマ法において展開されたポセッシオ（possessio）という制度と，ゲルマン法において展開されたゲヴェーレ（Gewere）という制度に由来するとされている。ポセッシオという制度は物を支配しているという事実を保護することを目的とする。そのためこの事実状態を侵害する者に対して占有の訴えをもって対応することを認めていた。ゲヴェーレという制度では権利の存在と物の支配が不可分の関係にあるとされ，物の事実的支配が権利をあらわすものであり，また権利を表現するものであると捉えられていた。ゲヴェーレでは権利を伴わない物支配においても，訴訟に敗れるまでは法的保護を与えられ，また物支配の状態を信頼した者に保護が与えられていた。

以上から，私たちの民法の占有制度は，これら2つの占有に関する制度を受け継いでいると理解されている。

2　機能

(1)　占有の保護

　占有が認められると，占有をしている者（占有者）が占有物を奪われるなどする場合，占有を回復するための請求をすることができる。これを**占有の訴え**という（197条以下）。占有が認められるためには占有の原因となる権利の有無に関係しないので，たとえ他人の物を勝手に使用している者でも，占有が認められる限り占有の訴えを用いることができる（詳しくは本章**第4節**参照）。

(2)　本権の取得

　占有はあくまである物を事実的に支配している状態を指すが，民法はこの占有という状態を理由に一定の要件の下で占有者に本権（本書**序章**参照）を取得させることも認めている。取得時効（162条）や善意占有者の果実取得権（189条）などがこれに当たる。

(3)　本権の表章と公示

　占有という事実状態は，通常は何らかの物権を根拠に行われることが多い。そうすると他者からすればある者がある物を占有しているという状態について何らかの物権でもって占有しているとの信頼を惹起する理由となる。そこで民法は占有の移転を動産に関する物権変動の対抗要件とし（178条・182条〜184条），あるいは即時取得（192条。本書**第4章第2節**参照）などを認めている。

第2節　占有の成立

1　成立要件

　占有の成立要件はある物を**自己のためにする意思**（占有の意思）をもって**所持**することである（180条）。自己のためにする意思とは，ある物から直接あるいは間接に自身が利益を受けるという意思でもって所持することを指す。この意思の有無は客観的に判断される。

　そして所持とは物がその者の支配下に置かれていることを指す。ある物を常に肌身離さず携えているという必要はなく，自室に保管しておくなど一般的に見て支配下に置くことで足りる。ただし所持があるというためには支配状態のある程度の継続が必要となる場合もある。そのため一時的に友人の荷物を預かっているという場合には，事実上その荷物を支配しているといえるかもしれないが，一時的なものであることから所持しているとまでは認められない可能性もあるだろう。

2　準占有

　占有は物に対する事実的支配状態によって認められる権利であるが，民法は物ではなく財産権を支配する状態に対しても占有と同様の保護を与えている。これを**準占有**という（205条）。準占有の成立要件は自己のためにする意思を伴う財産権の行使である。財産権は無体の権利であるため，概念上所持が該当しないが，占有に準じた保護が認められている。準占有の成立する財産権の例として，債権や地役権，先取特権，抵当権，そして特許権や著作権といった知的財産権などがある。

3　占有の種類

　占有は事実上物を支配状態に置くことであるが，占有の態様にはいくつかの種類がある。

(1)　自己占有と代理占有

　占有は代理人を通じて行うこともできる（181条）。この場合の占有を**代理占有**と呼び，代理で占有する者を**占有代理人**と呼ぶ。代理という言葉が用いられているが，民法総則における代理制度（99条以下）とは関係しないことに注意を要する。占有代理人によらず自ら直接に占有をする場合を**自己占有**と呼ぶ。土地の賃貸借契約において土地を直接に使用（支配）するのは賃借人であるが，賃貸人も占有代理人としての賃借人を通じて間接的に土地の占有を取得する。そうすると土地が誰かに不法占拠されている場合には，直接占有している賃借人だけでなく，代理占有によって占有している賃貸人も占有の訴えを行使できる。代理占有は占有の引渡し，特に占有改定や指図による占有移転の場合において重要な役割を果たす。

　代理占有が認められるための要件は，占有代理人が独立して物を所持し，かつ本人のためにする意思を持ち，また本人と占有代理人との間に賃貸借関係のような一定の関係があることが必要とされている。このことは代理占有権の消滅を規定する204条からも分かる。

【コラム：占有補助者・占有機関】

　占有は占有代理人を通じて行うこともできるが，この場合には本人と占有代理人双方が物を占有していることになる。それでは，ある家屋に使用人をおいている場合や店舗に従業員をおいている場合，彼らも占有代理人として位置づけられるのであろうか。

　一般にこれらの者は**占有補助者**や**占有機関**と呼ばれ，その雇用主が雇った者であって独立して占有をする者ではないとされている（最判昭35・4・7民集

14巻 5 号751頁）。そのため，彼らに対して何らかの理由で他者から建物の明渡請求があったとしてもこれに応ずる必要はないし，応ずることもできない。しかし一定の場合にはこうした占有補助者または占有機関が独立の占有を取得するとされることもある。判例では会社の代表取締役に対しその占有する土地の明渡請求がなされた事案において以下のように指摘されたことがある（最判昭32・2・15民集11巻 2 号270頁）。すなわち代表取締役は会社の代表機関として土地を占有している。そうすると，土地の占有者は会社であり代表取締役は会社の機関としてこれを所持するに過ぎない。したがってこの関係においては土地の直接占有者は会社であって代表取締役は直接占有者ではない。もし代表取締役が土地を単に会社の機関として所持するにとどまらず，個人のためにも所持するものと認めるべき特別の事情があれば，代表取締役は直接占有者たる地位をも有する，とした。

(2) 自主占有と他主占有

　この区別は，占有者が**所有の意思**をもって占有をしているかどうかによる区別である。所有の意思をもってする占有を**自主占有**と呼び，そうでない占有を**他主占有**という。賃借人は賃借物を所持・支配しているが，これはあくまで自己の利益のために（自己のためにする意思をもって）占有しているのであって，賃借物を自分のものとして占有しているわけではない。そのため賃借人の占有は他主占有であることになる。所有の意思の有無は客観的に判断されるので，商品を購入して引渡しを受けた買主は自主占有をしていると判断され，賃貸人から賃借物を借り受けた賃借人は他主占有をしていると判断される。

　この区別は，本権の取得という占有の機能と関係する。例えば一定期間物の占有を継続することで，物の権利を取得する制度である取得時効がある（162条）。取得時効が認められるためには自主占有が必要であるため，所有の意思の無い他主占有を何年続けていても取得時効は成立しない。ただし所有の意思は推定されるため（186条 1 項），占有者に所有の意思の無いことを

取得時効について争う相手方が証明する必要がある（最判昭54・7・31判時942号39頁）。

　他主占有から自主占有に移行するためには，自己に占有をさせた者に対して占有者が所有の意思があることを表示するか，または新たな権原によりさらに所有の意思をもって占有を始める必要がある（185条）。判例では他主占有者の相続人が自らの占有に基づいて時効取得を主張した事例において，被相続人による他主占有から相続人による自主占有へと占有の性質が変更されていることから，所有の意思に基づくものであることを相続人が証明する必要があるとしたものがある（最判平8・11・12民集50巻10号2591頁）。

⑶　善意占有と悪意占有

　この区別は，自身が物を占有するための権限を有していないことを知らずに占有をするか，知りながら占有をするかという区別である。前者を**善意占有**といい，後者を**悪意占有**という。なお占有者は善意であることが推定される（186条1項）。この区別は取得時効（162条）や占有物の果実の取得に関するルール（189条・190条），即時取得（192条）に関係する。善意占有については善意であることにつき過失があるかどうかで，さらに**過失なき占有**と**過失ある占有**に区分される。即時取得が成立するためには平穏，公然，善意，無過失の占有であることが要件とされているところ（192条），これらの態様がそろった占有を**瑕疵なき占有**といい，そうでない占有を**瑕疵ある占有**という。なお，占有者の公然，平穏な占有も推定される（186条1項）。占有者の無過失を推定する規定は置かれていないが，占有者の権利の適法性が推定されることから（188条），無過失も推定されるとした判例がある（最判昭41・6・9民集20巻5号1011頁）。

4　占有の継続

　占有を取得した後，何らかの理由で占有がいったん失われ，その後再び占

有を取得したとする。このとき占有の取得と再取得の証拠があれば，その間も占有をしていたものと推定される（186条2項）。取得時効は占有者が善意無過失の場合には10年の占有（162条2項），それ以外の場合には20年の占有（同1項）が必要となるが，占有を開始して5年たったのち，1年間占有を失った期間を経て再び占有を取得したとき，再び占有をした証拠があれば占有を失っていた1年間も占有の期間に算入される。ただし186条2項は推定規定であるため，反対の証拠があれば覆る。

第3節　占有の取得

1　原始取得と承継取得

　占有は，ある物を自己のためにする意思でもって所持することにより成立する。占有の取得の方法には，**原始取得**と**承継取得**がある。原始取得による占有の取得が生じるのは，取得時効（162条），即時取得（192条），無主物先占（239条1項）などの場合である。承継取得が生じる例は契約や相続による財産の移転である。そのため一般的には承継取得による占有の取得の例が多い。

2　特定承継と包括承継

(1)　特定承継
　特定承継とは，主に契約による財産の移転を指す。ここでは占有を承継する当事者の意思によって占有が移転するものとされる。このとき占有を承継（移転）するためには，182条ないし184条による占有の引渡しが必要となる。

(2)　包括承継
　相続によって財産を受け継ぐ場合，**包括承継**と呼ぶ。相続は特に法定相続

の場合，相続人の意思にかかわらず財産の移転が生じる。そうすると占有の成立要件である，自己のためにする意思がないため相続によって占有は承継されないとも考えられる。しかし相続による占有の承継を否定すると，被相続人の占有する土地を相続したという場合，占有が継続しないため，被相続人が実は無権利者であったが占有により取得時効が進行していたところその期間がリセットされてしまうという不都合がある。また被相続人と相続人が離れて暮らしているような場合，相続によって所有権を承継しても占有を承継しないとすると，相続人が相続財産を占有しないうちに何者かが相続財産を奪ってしまったときには占有の訴えでもって取り戻すことができなくなってしまう。これらに対応するために，<u>一般的には相続によって占有も承継されるものと考えられている</u>。

3　占有承継の効果──承継者の選択権

　占有の承継取得があった場合，占有承継者は前占有者から占有を引き継ぐことになる。このとき占有承継者は前占有者から占有を引き継いだものとするか，自己の占有のみを新たに始めたのかを選択することができる（187条1項）。この選択権を**占有選択権**という。つまり占有の承継にあたっては，<u>前占有者から引き継いだ占有と自己固有の占有とが混在する状態にあり，いずれを選択するのかを選ぶことができる</u>，ということになる（**占有の二面性**）。

　この選択において重要であるのは，<u>前占有者の占有を引き継ぐ選択をした場合，前占有者の占有の瑕疵（悪意や有過失）も引き継ぐ</u>，ということである（187条2項）。これは特に取得時効において重要である。例えば前占有者Xがある土地を他人の土地と知りながら5年間占有していたとする（**図2**を参照）。そしてYがXから占有を承継したが，Yはこの土地をXの土地ではないと知らず，また知らないことに過失がないまま8年間占有し続けたとする。このときYがXの占有を引き継ぐ選択をする場合，占有の期間を引き継ぐことができるが占有の態様も引き継ぐため，Y自身が善意無過失であっ

①占有を承継する場合

Xの占有5年　　Yの占有8年

・占有期間は13年（Xの5年＋Yの8年）
・悪意占有も継承するので，取得時効の
　完成のためにはあと7年の占有が必要
　（162条1項）

②占有を承継しない場合

Yの占有8年のみ

・占有期間は8年（Yの8年のみ）
・悪意占有は継承しないので，取得時効
　はあと2年で完成
　（善意無過失。162条2項）

・Xは土地の所有者ではない
・X（悪意）は5年間土地を占有
・その後，Y（善意無過失）が8
　年間占有を継続

図2　前占有者の占有の態様と継承者の選択

ても悪意の占有となる。そうすると取得時効の完成まで20年を要することに
なるので（162条1項），Yがさらに7年間占有し続けて初めて取得時効が完
成する。しかしYが占有を引き継がない選択をする場合，Xの悪意占有の
態様を引き継がないため善意無過失の占有となる。この場合，取得時効の完
成する10年（同2項）まではあと2年ということになる。こうした理論は最
判昭53・3・6民集32巻2号135頁が明らかにしている。同判例によれば，占
有を引き継ぐ選択があった場合に占有の瑕疵については前占有者を基準とす
るべきとしている。そうすると先の事例とは反対に前占有者が善意無過失で
あれば，継承者が悪意であっても善意無過失の占有を引き継ぐことになる。

【コラム：包括承継による占有の承継と相続人の選択権】
　法定相続の場合，相続による承継は相続人の意思によらずに当然に生じる
ことになる。このとき相続人は当然に被相続人の占有を承継することになる
ため，187条1項の選択権を行使する余地が無いようにも思える。

しかし判例は相続による占有承継の場合にも承継者に選択権を認めている（最判昭37・5・18民集16巻5号1073頁）。そうすると相続による占有承継に際しては，相続人から占有を承継するのみならず，自己固有の占有も併せて取得するということになる。相続による占有承継においても占有の二面性が認められる，ということである。

第4節　占有の効果

1　占有の訴え

占有を有する者が物の占有を妨害されるなどする場合，その妨害状態を排除するための請求をすることができる。これを**占有の訴え**という（197条。占有訴権とも呼ばれる）。占有の訴えは物権的請求権（本書**第1章**）を条文上間接的に根拠づけており，その種類も**占有保持の訴え**（198条），**占有保全の訴え**（199条），そして**占有回収の訴え**（200条）がある。

(1)　占有保持の訴え（198条）

占有が妨害されている場合に妨害者に対して妨害状態の除去を求める権利である。また，占有の妨害によって占有者に損害が生じた場合には，損害賠償を請求することもできる。

(2)　占有保全の訴え（199条）

占有保全の訴えは占有の妨害は生じていないものの，妨害が生じそうな場合に相手方にその予防等の措置を求める権利である。この場合，損害は現実には発生していないので損害賠償の請求はできないが，仮に妨害状態が発生して損害が現実に生じてしまった場合に備え，占有者は相手方に対して損害賠償のための担保を請求できる。

(3) 占有回収の訴え（200条）

占有者がその占有を奪われた場合（**占有侵奪**）に，その返還を請求する権利が占有回収の訴えである（200条1項）。占有を奪われたとは，判例によれば占有者がその意思によらずに物の所持を失った場合を指すため，他人の欺罔行為によって物を引き渡した占有者は，だまされたとはいえ任意に物を移転したことになるから，占有回収の訴えを主張できないとされている（大判大11・11・27民集1巻692頁）。また，賃借人が賃借物を転貸したのち，転借人が転貸人（賃借人）の転貸人としての地位を否定したとしても占有侵奪には当たらないとされている（最判昭34・1・8民集13巻1号17頁。なお本判決は原審の理由を是とするのみであるので，詳細はその原審である東京高判昭33・3・10民集13巻1号21頁を参照）。

なお占有回収の訴えは占有を侵奪した者の特定承継人（契約による買主など）に対しては主張できないとされている（200条2項本文）。ただし特定承継人が占有侵奪の事実について悪意である場合には，占有者は特定承継人に対して占有回収の訴えを行使できる（同ただし書）。

【コラム：占有の訴えに伴う損害賠償の性質】

占有保持の訴えおよび占有回収の訴えに伴って，占有の妨害や侵奪によって占有者に損害が生じた場合，占有者はその損害の賠償を請求できる（198条・200条1項）。条文上は損害賠償ができるとあるだけでそれ以外の要件は無いため，占有保持の訴えや占有回収の訴えを行使する要件（占有妨害や侵奪）があって，損害が生じれば直ちに損害賠償請求権の行使が可能であるようにも読める。

しかし占有の訴えに伴う損害賠償請求権はその性質上不法行為に基づく損害賠償請求権であるため，709条の要件に従って妨害者や侵奪者の故意や過失が要求されると理解されている。つまり占有を妨害されたり奪われたりした場合には，妨害者や侵奪者の主観的態様を問わずに占有者は占有の回復を請求できるものの，損害賠償を求めるためには709条の要件を満たす必要が

あるということになる。

2 果実の収得に関する効果

(1) 権利の適法性の推定

　占有者は，占有物について行使する**権利の適法性**について推定を受ける（188条）。仮に無権限の者であっても，占有が認められる限りは占有物を利用してよく，また占有物を損傷するなどのことがあっても責任を負わないということになる。ただしこれは推定なので，反対の証拠があれば適法性が否定されて占有物の利用が違法になることもある。

(2) 善意の占有者による果実の収得権

　果実の帰属は89条によって定まるが，<u>善意の占有者は占有物から生じる**果実を収得することができる**</u>（189条1項）。ここには果物などの**天然果実**や建物の賃料といった**法定果実**のみならず，占有物を使用することなどによって得られる**使用利益**も含まれる。<u>善意占有であればよいため，過失の有無は問われない</u>。善意の占有者が本権の訴えにおいて敗訴したときは，訴えの提起の時から悪意の占有者とみなされる（同2項）。そのため，善意の占有者が本権の保有者から本権に基づく訴え（占有物の返還請求など）を提起されたあとに果実を収得していたところ，訴えに敗訴した場合には，訴え提起後に収得した果実については悪意の占有者として190条に従って返還等をする必要がある。

(3) 悪意の占有者による果実の返還義務

　占有者が自身の物ではないことを知りながら占有物から生じる果実を収得した場合，その返還義務を負い，また果実を消費した場合，過失によって果実を損傷した場合，または収取を怠った果実がある場合，果実の代価を償還

する義務を負う（190条1項）。暴行や強迫，隠匿によって占有をしている者は，善意であっても190条1項の適用を受ける（同2項）。

> **【コラム：189条と不当利得規定の関係】**
>
> 189条によれば，善意の占有者は占有物から生じる果実を取得することができる。この規定自体は不当利得の思想に由来するものとされている。そのため，189条および190条は，占有権限の否定された占有者について，その善意と悪意とに応じて返還の範囲等に区別をつけている。
>
> 189条において善意の占有者は，本権の訴えに敗れたとしても訴えの提起以前に取得した果実については返還する必要はない。それでは，善意占有者が取得した果実を現物のまま残している場合はどうであろうか。189条が不当利得の思想に由来するものであるとすれば，果実を消費してしまった場合は別として果実が現物のまま残っているのであれば，不当利得の規定に準じて本権の保有者に果実を返還するべきとも考えられる。703条においては善意の不当利得者の返還義務が現存利益の返還となるところ，同じく善意の占有者も，現存利益として果実を保持したままとなっているのであれば，これを返還させることが妥当にも思える。
>
> 他方で189条では単に善意で果実を取得したのみならず，占有に基づいて取得していることや，現存利益の概念上，特に法定果実の場合には善意占有者の返還義務の範囲が広くなり得る。また，189条は不当利得の思想に由来するものであるが，占有法理に基づく善意占有者の保護という側面もあることを考えると，不当利得の思想を占有法理にどこまで反映させるべきかは一考の余地があるようにも思える。

3 その他の権利義務

(1) 損害賠償責任

占有物が占有者の責めに帰すべき事由によって滅失または損傷したときは，占有者は回復者（真の権利者）に対して損害賠償をする義務を負う（191条本

文）。損害賠償の範囲は善意の占有者と悪意の占有者で区別される。善意の占有者は，占有物の滅失または損傷によって現に利益を受けている限度で損害を賠償すればよいのに対し，悪意の占有者は全損害の賠償をする義務を負う。善意占有者の責任の範囲は現存利益であるため，例えば占有物を他人に売却して金銭を得たという場合には，その金銭を回復者に返還すれば足りる。この損害賠償責任も709条の不法行為責任である。ただし善意の占有者であっても所有の意思のない占有者（つまり他主占有をしている占有者）は全損害の賠償義務を負う（同ただし書）。

(2) 費用償還請求権

　占有者が占有物を返還する場合，占有物に対して保存のために支出した費用など**必要費**の償還を請求できる（196条1項本文）。ただし占有者が果実を収得した場合，通常の必要費は占有者が負担する（同ただし書）。通常の必要費とは，占有物に関する租税や修繕に要した費用であり，通常ではない必要費，つまり特別の必要費とは，例えば第三者の行為によって生じた損傷を補修するために支出した費用であるとされる。

　占有者が占有物の改良のための費用など**有益費**を支出した場合には，それによって占有物の価値の増加が現存する限りで，回復者は占有者が支出した金額か，増価額を償還する義務を負う（同2項本文）。有益費とは物の価値を高めるための費用である。例えばベランダの無い建物にベランダを設置したために生じた費用などがこれに該当する。占有者が悪意である場合には，裁判所は回復者の請求により，償還について相当の期限を許与できる（同ただし書）。

第5節　占有の消滅

1　消滅事由

　占有は占有の意思を放棄することまたは占有物の所持を失うことで消滅する（203条本文）。占有の意思（＝自己のためにする意思）は客観的に判断されるため、この意思を放棄する場合には積極的にこれを表明する必要がある

　所持については占有者が所持を失っても、その原因が占有侵奪にあり占有回収の訴えを行使して訴えが裁判において認められた場合には、所持が失われることなく占有が継続したものと擬制される（同ただし書。判例として最判昭44・12・2民集23巻12号2333頁）。

2　代理占有の消滅

　204条は代理占有の消滅事由を規定する。それによれば①本人が占有代理人に占有をさせる意思を放棄したこと（同1項1号）、②占有代理人が本人に対して以後自己または第三者のために占有物を所持する意思を表示したこと（同2号）、そして③占有代理人が占有物の所持を失ったこと（同3号）である。ただし、占有代理の関係が消滅したことをもって占有権は消滅しない（同2項）。賃貸借関係が何らかの原因で終了する場面がこれに該当する。賃貸人と賃借人という契約関係が終了しても、そのことが直ちに占有代理の関係まで消滅させるものではない、ということを意味する。

> **テーマ　交互侵奪の問題**
> 　Yは甲漁船を所有している。Aが甲を盗み出したのち，順次B，X
> と売却されていった。B，Xはいずれも甲がY所有の漁船であること
> について悪意である。Xが鎖で甲を港に係留していたところ，甲を発
> 見したYが鎖を破壊して甲を取り戻し，Cに売却した。XはYに対
> して占有回収の訴えと損害賠償を請求した。

1　悪意の占有者による占有回収の訴えの可否

　上記の事例では，甲がYの所有する船であることをXは知っており，ま
たYはまさしく甲の所有者である。Yとしては盗まれた自分の船を発見し
たためにこれを持ち帰ったに過ぎず，Xから返還請求など求められるいわれ
は無いはずである。このような事例は，占有を奪われた側がまたその占有を
奪い返しているので，**交互侵奪**の問題と呼ばれる。実際にこのような事例が
かつて大審院で問題となった（大判大13・5・22民集3巻224頁。**図3**も参照）。
そして驚くべきことに，大審院ではXのYに対する損害賠償の請求を認め
た（なお占有回収の訴えについては甲がCに売却されていたことから認められな
かった）。にわかには理解しがたい判決のようにも思えるが，実はしっかり
とした理由がある。

　すでに述べたように占有の訴えは占有者の主観的態様を問題としない。そ
のため悪意の占有者であろうとも占有が認められるのであれば法的保護を受
けるため，占有が妨害されたり侵奪されたりする場合にはそれに基づいて占
有の訴えを行使することができ，また709条の要件を満たす限りで相手方に
損害賠償を請求することもできる。これは占有を奪った相手方が占有物の正
当な所有者であっても変わることはない。こうした体系的理解に基づいて，

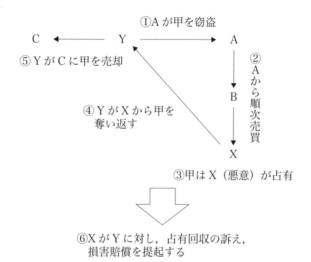

①A が甲を窃盗

C ← Y → A

⑤Y が C に甲を売却

②A から順次売買

B

④Y が X から甲を奪い返す

X

③甲は X（悪意）が占有

⑥X が Y に対し，占有回収の訴え，損害賠償を提起する

図3　発展問題の事例における交互侵奪の概要

大審院は悪意の占有者である X による，正当な所有者 Y に対する占有に基づく訴えを認容したのである。

2　自力救済の禁止

　<u>自身の権利が侵害されている場合に，自らの実力を用いて権利の侵害状態の回復を実現することは法治国家においては認められない</u>。これを**自力救済の禁止**の原則という。そのため先の交互侵奪の事例においても，自身の所有する甲を奪われた Y は，甲を現在占有している X に対して所有権に基づく返還請求をするべきであって，X がこれに応じないのであれば裁判所に提訴するべきであった。法律に基づく請求や訴訟手続によらずに実力で占有を奪い返した Y は，占有者である X から見ればまさにその占有を違法に侵奪した者となるのである。そのため大審院は所有者 Y による悪意の占有者 X に対する占有侵奪があったとして損害賠償を認めたのである。

しかしこのような大審院の態度には批判もあった。自力救済の禁止には例外もある。自力救済を試みなければ権利の回復が困難になるような緊急事態においては，例外的に自力救済も認められるべきとされている。先の事例でも，もしYが甲を発見してからXに対して返還請求をし，あるいは訴訟を提起するとなると相当な時間がかかるおそれもある。そうしている間にX自身が行方をくらませたり，甲を手放してしまって甲の所在が分からなくなる可能性もある。そうであれば，Y所有の甲と知りながらこれを占有するXに対し，Yとしては悠長な手段をとっていられない緊急事態にあったともいえる。そこでYによる侵奪行為は自力救済にあたるものの，自身の権利を保全するための緊急措置として容認するべきではなかったかという批判がよせられたのである。

3　占有の訴えと本権の訴えの関係

自身の所有し，かつ占有する物が侵奪された場合には，所有者は所有権（本権）に基づいても占有に基づいても侵奪者に返還（回収）を請求できる（202条1項）。しかし占有の訴えが提起された場合，本権に関する理由に基づいて裁判をすることができない（同2項）。つまり先の事例でいえば，悪意の占有者であるXがYに対して占有回収の訴えを提起した場合，YはXの占有に基づく主張に対する反論として，「自分には甲の所有権があるから回収行為は正当である」といった主張をすることができないという意味である。ただしこのことは，Xが占有の訴えに基づいて訴訟を提起した場合に，Yが反訴として本権に基づく返還請求訴訟を提起することまで否定するものではない，とされている（最判昭40・3・4民集19巻2号197頁）。そのため先の事例でXから占有回収の訴えを提起されたYは，反訴として所有権に基づく訴えを提起していれば救済された可能性もあるといえよう。

第8章 担保物権総論

基 本 事 項

第1節 担保物権とは

1 担保物権とは

　民法第2編の「物権」のうち第7章留置権，第8章先取特権，第9章質権，第10章抵当権は担保物権について規定している。**担保**とは，債権の履行を確保するための仕組み・手段のことをいい，**担保物権**とは，債権の履行の確保のために，一定の財産（権利）を利用できる権利のことをいう。

2　人的担保と物的担保

担保には，人的担保と物的担保がある。**人的担保**とは，債務者以外の第三者によって債務者の債務の弁済を確保すること（手段）をいう。人的担保は債務者を増やす（責任財産を増やす）ことにより，債権の回収可能性を高めるための手段である。保証がその例である。

他方，**物的担保**とは，債務者自身や第三者の特定の物や権利によって債務の弁済を確保すること（手段）をいう。

民法典には，留置権，先取特権，抵当権，質権の物的担保（担保物権）がある。民法典に規定のある物的担保を**典型担保**という。なお，民法典以外の特別法上の担保もある。特別法には様々なものがあるが，抵当権に関するものでは，工場抵当法，鉱業抵当法，鉄道抵当法，軌道抵当法，漁業財団抵当法，自動車抵当法，航空機抵当法，建設機械抵当法などがある。

典型担保に対して，民法に規定はない物的担保を**非典型担保**という。非典型担保は，金融実務上の必要と取引慣行から生み出されたものである。例として，所有権留保，譲渡担保，仮登記担保，買戻し，再売買予約などが挙げられる。

3　債権者平等の原則とその例外

どうして担保が必要なのだろうか。担保による債権回収は，強制執行による債権回収とはどこが異なるのだろうか。

強制執行とは，判決などの債務名義を得た債権者の申立てに基づいて，債務者に対する請求権を裁判所が強制的に実現することをいう。強制執行の対象となる債務者の財産を**責任財産（一般財産）**という。

強制執行による債権回収においては，ある債権者が他の債権者を押し退けて自分だけが回収するということは認められない。債務者が**無資力状態**（債務者の財産の総額がすべての債権者の債権額に満たない状態）である場合，各債

権者は債務者の責任財産に対して，債権額に応じて（按分による）平等の権利を有するに過ぎない。このことを**債権者平等の原則**という。強制執行手続により，債務者の財産が金銭に換えられた場合は，債権者平等の原則に基づき，各債権者はそれぞれの債権額に比例して分配を受ける。言い換えれば，原則として，ある債権者が他の債権者に優先して債権の回収を行うことはできない。

このように，債権者平等の原則によれば，債権者には自己の債権を全額回収することができないリスクがつきまとう。

債権者が自己の債権の回収可能性を高めたいのであれば，事前に策を講じておく必要がある。事前の策として民法は，保証人と保証契約を結ぶ，あるいは約定担保物権の設定を受けるといった手立てを用意している（保証については債権法の教科書に譲る）。**約定担保物権**とは，契約によって認められる担保物権のことをいう。質権，抵当権がこれに該当する。

また，債権者が事前にそのような策を講じていなくても，法律によって当然に認められる担保物権がある。これを**法定担保物権**という。法は一定の場合に，特に事前に策を講じていない債権者に対しても優先的保護を与えているのである。留置権，先取特権がこれに該当する。

担保権の実行手続においては，強制執行手続とは異なり，確定判決などの債務名義は不要である。例えば，抵当権を実行する場合は，抵当権が登記されている登記簿謄本などを裁判所に提出することにより手続きが開始される。抵当権の実行手続の多くは民事執行法に規定されている。抵当権の実行手続も強制執行手続も，申立て後の手続きはほぼ同じである（民事執行法188条参照）。

第 2 節　担保物権の効力

担保物権の効力には，優先弁済的効力，留置的効力，収益的効力がある。すべての担保物権にこれらの効力が備わっているわけではない。債権担保の

仕組みに関わっている。

優先弁済的効力とは，担保権者が，担保目的物を換価して（金銭に換えて），他の債権者に先立って弁済を受けることができる効力をいう。優先弁済的効力により，債権者は債権者平等の原則を排して，文字通り優先して弁済を受けることができる。優先弁済的効力は先取特権，質権，抵当権に認められている。

留置的効力とは，担保目的物を留置すること（目的物の引渡しを拒絶すること）によって，債務者に対して債務を弁済しなければ目的物を引き渡してもらえないという心理的な圧迫を加えて，間接的に債務の弁済を促す効力をいう。留置的効力は留置権と質権に認められている。

収益的効力とは，担保権者が担保目的物を使用収益できる効力をいう。収益的効力は不動産質に認められている。

第3節　担保物権に共通する性質

担保物権に共通する性質（通有性）として以下のものがある。通有性といっても，すべての担保物権に必ず備わっているというわけではない。

1　付従性

担保物権は債権の履行を確保するものであるから，確保すべき債権があることが前提となる。担保物権によって担保される債権のことを**被担保債権**というが，被担保債権が無ければ，担保物権も存在しえない。被担保債権の確保が目的であり，担保物権はその手段に過ぎないから，目的が失われれば手段だけが存続する意味はないということである。このような担保物権の性質を**付従性**という。債権が成立しなければ，担保物権も成立しないことを成立における付従性という。また，被担保債権が消滅した場合には，担保物権も消滅することを消滅における付従性という。

2 随伴性

被担保債権が別の者へと移転すれば，担保物権もそれに伴って移転する。例えば，被担保債権が債権譲渡され，新債権者に移転すれば，担保物権も新債権者へ移転する。このような担保物権の性質を**随伴性**という。随伴性も付従性の一態様であり，移転における付従性と呼ばれることもある。

3 不可分性

被担保債権の全部が弁済されるまで担保物権は消滅せず，担保目的物の全部について担保物権を行使できるという性質を**不可分性**という（296条・305条・350条・372条）。一部の弁済があったからといって，その分だけ担保物権も消滅するということはない。不可分性はすべての担保物権に認められる。

4 物上代位性

担保権者が担保目的物の売却，賃貸，滅失，損傷によって債務者が受けるべき金銭その他の物に対しても，権利を行使することができることを**物上代位**という。例えば，AのBに対する債権の担保として，Bが甲建物に抵当権を設定したが，甲建物がCに放火され，焼失したとする。甲建物が焼失したため，Aは甲建物を換価して優先弁済を受けることはできない。しかし，甲建物の所有者であるBはCに対して損害賠償請求権（709条）を有しているところ，Aはこの損害賠償請求権に物上代位することによって優先弁済を受けることができる（304条・372条）。

物上代位性は，先取特権，質権，抵当権だけに認められている（304条・350条・372条）。

物上代位がなぜ認められるのかについては，いくつかの考え方がある。**価値権説**といわれる考え方は，担保物権は目的物が把握する交換価値を支配す

表1　担保物権の通有性・効力の整理

	付従性，随伴性，不可分性	優先弁済的効力	留置的効力	物上代位性
留置権	○	×	○	×
先取特権	○	○	×	○
質権	○	○	○	○
抵当権	○	○	×	○

る権利であるから，目的物が消滅してもその代わりに価値代表物が存在していれば，担保物権の効力は当然に価値代表物に及んでいくとする。他方で，**特権説**といわれる考え方は，担保物権も物権である以上，目的物が消滅すれば消滅するのが本来のところであるが，円滑な金融を実現するため，法律が特別に物上代位という特権を担保権者に付与したものであるとする。

第4節　担保物権をめぐる関係者

担保物権について学ぶ際に押さえておくべき関係者についてここで整理しよう。

担保物権が関わる場合は債権の履行の確保が問題となっているのだから，当然，担保物権に係る被担保債権の債権者と債務者が関係する。債権者は担保権者（留置権者，先取特権者，質権者，抵当権者）として登場する。もっとも，債権者は他にも後順位の担保権者や，担保権を持たない一般債権者という形でも登場し，利害関係者間の調整が法制度，法解釈の上で問題となる。

担保を提供する者は債務者とは限らない。確かに，債務者本人が担保を差し出す者であることが多いが，自身では債務を負わない**物上保証人**が担保提供者である場合もある。物上保証人は債務を負ってないが責任を負っている。物上保証人が弁済した場合，物上保証人は債務者に対して求償権を取得する（372条・351条）。また，弁済による代位が生じ，債権者（担保権者）の権利

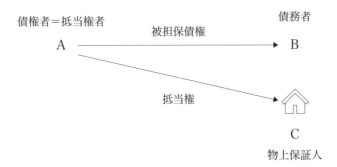

図1　担保物権の関係図（抵当権の場合）

（被担保債権，担保権）を代位取得する（499条・501条1項）。物上保証人が設定した抵当権が実行され，抵当目的不動産の所有権を失った場合も，物上保証人が弁済したのと同じことを意味するので同様の法律関係となる。

　抵当権が設定された不動産を購入した者のように，担保の目的となっている物の権利（所有権，用益物権）を取得した者を**第三取得者**という。

第9章　抵当権

基 本 事 項

第1節 抵当権とは

1 抵当権とは

抵当権とは，債務者または第三者（物上保証人）が占有を移転しないで債務の担保に供した不動産について，抵当権者が，他の債権者に先立って自己の債権の弁済を受けることができる権利をいう（369条1項）。

例えば，Aが金融機関Bから購入資金1,000万円を借り入れて（金銭消費貸借契約），甲不動産を購入する場合を考えてみよう。Bとしては，貸し付けた金銭を確実に回収したいと考える。そこで貸付に際しては甲への抵当権の設定を条件とする。AはBと抵当権設定契約を締結して，甲につき抵当権の設定を行う。Bの貸付のおかげで甲を購入できたAは金銭消費貸借契約に従い，例えば毎月10万円をBに弁済する。きちんと弁済を続けている間は，Aは甲を自由に使用収益する（甲に自分で住む，甲を賃貸して収入を得る）ことができる（369条1項「占有を移転しないで」）。しかし，弁済が滞った場合には，Bは抵当権を実行して甲を競売にかけて，その売却代金から弁済を受けることができる。そこでは債権者平等の原則は適用されず，抵当権者は他の債権者に先立って弁済を受けることができる（優先弁済）。抵当不動産の競売は，抵当権者が抵当不動産を差し押さえて，競売に付し，その売得金（売却代金）から優先弁済を受けるというものである。不動産の売却は通常は入札で行われる。落札した買受人は代金を納付することにより不動産の所有権を取得する。納付された代金は債権者に交付・配当される。抵当権の実行には，抵当不動産の競売による方法の他に，担保不動産収益執行による方法がある（抵当権の実行については本章**第4節**参照）。

2　被担保債権

　抵当権によって担保される債権のことを**被担保債権**という。複数の債権を併せて被担保債権とすることもできる（最判昭33・5・9民集12巻7号989頁）。また，特定性のある将来発生する債権を被担保債権とする抵当権の設定も可能である（例えば，保証人が弁済した場合に，主たる債務者に対して将来取得する求償権のために抵当権を設定することができる）。

　金銭債権以外の債権を被担保債権として抵当権を設定することができるだろうか。実際の例は少ないが，金銭債権以外の債権であっても債務不履行になれば損害賠償債権となることから，金銭債権以外の債権を被担保債権とすることもできる。なお，抵当権の登記には，「債権額（一定の金額を目的としない債権については，その価額）」（不動産登記法83条），「利息に関する定めがあるときは，その定め」，「債権に付した条件があるときは，その条件」（同法88条）等を記載しなければならない。

3　抵当権の目的

　抵当権の目的は不動産（土地・建物）である（369条1項）。同一の被担保権のために複数の不動産の上に抵当権を設定することもできる（**共同抵当**）。地上権および永小作権も，抵当権の目的とすることができ，不動産を目的とする抵当権の規定が準用される（同2項）。抵当権は非占有担保であるため，一般債権者が不測の不利益を受けずに抵当制度が機能するためには，占有以外の公示手段が整っている必要がある。不動産，地上権，永小作権については抵当権の目的となっていることを登記によって公示することが可能である。

　なお，特別法上（工場抵当法，鉱業抵当法，鉄道抵当法，漁業財団抵当法，自動車抵当法，航空機抵当法，建設機械抵当法等）の抵当も存在する。特別法上の抵当権についても登記・登録制度が整っている。

4　抵当権設定契約の当事者

　抵当権について学ぶ際に押さえておくべき関係者については次の通りである。債権の履行の確保が問題となっているのだから，被担保債権の債権者と債務者が関係する。抵当権者は被担保債権の債権者である。抵当不動産を担保として提供する者は**債務者**または**物上保証人**である（**抵当権設定者**と呼ぶ）。

　抵当権は約定担保物権であり，**抵当権設定契約**により成立する（諾成・無方式の契約）。抵当権設定契約は債権者と抵当権設定者（債務者または物上保証人）との間で締結する（抵当権設定者とは抵当権の設定を受けた側のことではないので注意）。債権者は抵当権の設定を受ける側である。

　抵当権設定契約は**物権契約**である。抵当権の設定をしようとする者が自己に当該不動産の処分権限が無いのに（自分の所有ではないのに）抵当権設定契約をしても抵当権は成立しない。

5　対抗要件

　抵当権の第三者対抗要件は登記である（177条）。抵当権の設定登記は効力要件ではないので，未登記でも抵当権の有効性に問題は無いが，抵当権の実行の申立て文書である抵当権の登記がされている登記事項証明書の提出ができないため，抵当権の実行は困難となる（民事執行法181条1項3号参照）。

　被担保債権が弁済されて消滅すれば，抵当権も付従性によって消滅する。抵当権の消滅により無効になった抵当権の登記を，同じ額の債権のために流用することはできるだろうか。

　まず，後順位抵当権者（**6**を参照）がいる場合には，後順位抵当権者の順位上昇の期待を害するから，流用は否定するべきである。また，第三取得者（抵当権の付いた不動産を購入した者等）がいる場合にも抵当権の消滅の期待を害するので同じく流用は否定するべきである。

　それでは，登記の流用後に，第三者（後順位抵当権者，第三取得者）が現れ

た場合はどうだろうか。流用登記が有効であることを前提に取引関係に入った者にとっては，流用を認めてもその者に不測の不利益は生じない。また，この場合，現在の権利関係に合致している。そこで，この場合は登記の流用を無効とする必要はないものと解される（大判昭11・1・14民集15巻89頁参照）。

6　後順位抵当権者

同一の不動産について数個の抵当権が設定されたときは，抵当権の順位は登記の前後による（373条）。抵当権がすでに設定されていても，まだ抵当不動産に担保余力があれば，債務者がさらに金融を得るために，その不動産に後順位の抵当権が設定されることがある（抵当権の登記の先後によって，先順位抵当権，後順位抵当権といわれる）。登記の1番先の者が1番抵当権者，次の者が2番抵当権者となる。なお，第1順位の抵当権が弁済などにより消滅すれば，第2順位の抵当権は第1順位に昇進する。このルールを**順位上昇の原則**という。

第1順位の抵当権者が抵当権を実行するつもりがない場合であっても，後順位抵当権が抵当権を実行すると，第1順位の抵当権も実行を強制される。競売で競落した買受人は抵当権の負担の無い不動産を取得することになる（民事執行法188条・59条）。これを**消滅主義（消除主義）**という。

7　抵当権の特徴

抵当権は，目的物の使用収益を抵当権設定者（債務者または物上保証人）に許すものである。このことから，抵当権は**非占有担保**であるといわれる。また，抵当権者は，債務者が被担保債権を弁済しない場合には，抵当権の実行，すなわち競売により目的物を換価し，その代金から他の債権者に先立って弁済を受けることができる（優先弁済権）。このことから，抵当権は目的物の**交換価値を把握する権利**であるといわれる。なお，抵当権の実行方法としては，

競売以外に，担保不動産の収益執行という方法も認められている（本章**第4節3**参照）。抵当権は，一定の条件の下で抵当目的不動産の収益に介入することができる権利でもある。

8　付従性

　債権が成立しなければ，抵当権も成立せず，また，被担保債権が消滅した場合には，抵当権も消滅する（付従性）。被担保債権の確保が抵当権の目的であるため，目的が失われれば手段だけが存続する意味は無いからである。

　金銭消費貸借契約では，実際の金銭の交付前に，抵当権の設定が行われる場合があるが，「被担保債権が成立していないのに，抵当権が設定されている」として抵当権を当然に無効とするのは妥当でない。そこで，ある程度は付従性を緩和することも認められよう（なお，587条の2は書面による諾成的消費貸借を認めており，書面による場合，金銭の交付が無くても消費貸借契約は成立し被担保債権も成立する）。同様に，特定された将来債権（例：保証人が主たる債務者に対して将来発生する求償権を担保するために抵当権を設定する場合）や条件付債権についても，付従性を緩和して考えてよい。

　それでは次のようなケースではどうか。労働金庫から非組合員Aが融資を受ける際に，自己の不動産に抵当権を設定したが，Aが債務の返済ができず，抵当権が実行され，Bが買受人となった。Aは，そもそも員外貸付は無効であり，被担保債権も成立してないから，抵当権の設定も無効であるとして，Bに不動産の明渡しを求めた。

　このような事例で最高裁は，員外貸付を無効とした上で，Aが債務を弁済しないでおいて員外貸付の無効を理由に，「本件抵当権ないしその実行手続の無効を主張することは，信義則上許されない」とした（最判昭44・7・4民集23巻8号1347頁）。

第 2 節　抵当権の効力の及ぶ範囲

1　被担保債権の範囲

　抵当権者は，利息その他の定期金を請求する権利を有するときは，その満期となった**最後の 2 年分**についてのみ，その抵当権を行使することができる（375条 1 項本文）。すなわち，抵当権により，元本債権が全て担保されるのは当然であるが，利息その他の定期金については，その満期となった最後の 2 年分に被担保債権の範囲が制限される。遅延損害金についても同様の制限がある（375条 2 項本文）。

　利息や遅延損害金について，なぜこのような「最後の 2 年分」という制限があるのだろうか。例えば，債務者が履行せずに大きく利息が膨らんだとする。そのような利息について 1 番抵当権者が無制限に抵当権を行使できるとすれば，担保の残存価値を期待していた後順位抵当権者や一般債権者の期待を害してしまう。そこで，後順位抵当権者や一般債権者のためこのような制限が設けられている。このように，「最後の 2 年分」という制限は，後順位抵当権者，一般債権者を保護するためのものである。したがって，債務者や物上保証人については，この趣旨は妥当せず，利息・損害金の全額を弁済しなければ，抵当権を消滅させることができない（大判大 4・9・15民録21輯1469頁）。

2　抵当権の効力の及ぶ目的物の範囲

　例えば，建物に抵当権が設定された場合に，その建物内の壁紙や，畳に抵当権の効力は及ぶだろうか。また，土地に抵当権が設定された場合の，その土地の立木や庭石についてはどうだろうか。抵当権の効力がどの範囲に及ぶのかという問題である。抵当権の効力がある物にも及ぶということは，競売

してその物から優先弁済を受けることができるということを意味する。

　民法は次のように規定している。抵当権の効力は，抵当地の上に存する<u>建物を除き</u>，その目的である不動産（抵当不動産）に<u>付加して一体となっている物</u>（**付加一体物**）に及ぶ（370条本文）。

　ただし，①設定行為に別段の定め（特約）がある場合（特約を第三者に対抗するには登記が必要），②債務者の行為について詐害行為取消請求をすることができる場合（高価な貴金属を抵当目的建物に埋め込み，詐害行為となるような場合）には抵当権の効力は及ばない（370条ただし書）。

　付加一体物とはどのような意味だろうか。民法には定義がないため解釈が必要となる。

(1)　付合物

　建物の壁紙や雨戸，土地の庭石（取り外しが困難なもの），石垣，立木（ただし，立木法が適用のされる立木は独立した不動産と扱われるので除く）などのような抵当目的不動産の**付合物**（242条，本書**第5章第2節**参照）については，不動産の構成部分であり，独立性を有しないから370条の付加一体物に該当し抵当権の効力が及ぶものと解される。

　なお，権原によって他人が付属させた物（242条ただし書）については付合が生じないから，その物に抵当権の効力は及ばない。そして，そのことを抵当権者に対抗するには明認方法などの対抗要件が必要である。例えば，借地人が土地所有者（抵当権設定者）の同意を得て樹木を植えて明認方法を施した場合，その者は樹木に抵当権の効力が及ばないことを抵当権者に対抗できる。

(2)　従物

　不動産の**従物**（87条1項）に抵当権の効力は及ぶのだろうか。不動産を主物とする従物の例としては，土地については取外しが容易な庭石や石灯籠，建物については畳，ふすまが挙げられる。このような不動産の従物について

は，経済的要請（抵当権が及ぶ範囲が広い方が大きな融資が可能）から，抵当権の及ぶ範囲に含めようという解釈が一般的である。その根拠条文については争いがあり，87条2項（「従物は，主物の処分に従う」）によって及ぶとする説と，370条の「付加一体物」に従物も含まれるものと解して及ぶとする説がある。判例には，根拠条文ははっきりしないが，宅地上に存在した石灯籠および取外しのできる庭石は宅地の従物であり抵当権の効力が及ぶとしたもの（最判昭44・3・28民集23巻3号699頁），ガソリンスタンド用建物の地下タンク等の諸設備は，建物の従物であり抵当権の効力が及ぶとしたもの（最判平2・4・19判時1354号80頁）等がある。

ⅰ **87条2項適用説**　370条の「付加一体物」とは抵当目的物と**物理的一体性**がある物を指すという考え方がある。これによれば，従物は主物とは別個の独立の物であるから，従物は370条の「付加一体物」には当たらず，370条を根拠にして従物に抵当権の効力が及ぶと解することはできない。しかし，従物が370条の「付加一体物」に当たらないとしても，87条2項を根拠に従物に抵当権の効力が及ぶとする見解がある。87条2項の「従物は，主物の処分に従う」の「処分」に抵当権の設定行為が含まれると解すれば，主物（抵当目的不動産）の処分（＝抵当権設定行為）に従物は従うので，抵当権設定時に存在した従物に抵当権の効力が及ぶことになる。

　87条2項適用説にも，「処分」に抵当権の実行までもが含まれるとする見解もある。これによれば，主物である抵当目的不動産の「処分」（抵当権の実行）に従物も従うので，抵当権設定時にまだ存在していなかったが，抵当権実行時に存在する従物にも抵当権の効力が及ぶことになる。

ⅱ **370条適用説**　370条の「付加一体物」に従物も含まれるとする見解がある。この見解は，370条の「付加一体物」とは，242条にいう付合物に限らず，**経済的一体性**を有するものを意味すると捉え，主物と経済的に一体性を有する従物を含むとする。370条適用説によれば，抵当権設定時に存在しなかった従物にも抵当権の効力が及ぶ。

⑶ 従たる権利

Aに対する債務の担保として，Bは所有する甲建物に抵当権を設定した。甲はC所有の乙土地に建っており，BはCから土地を賃借していた。この場合，抵当権の効力はBの賃借権にも及ぶか。建物所有者に土地の占有権原（賃借権，地上権などの土地利用権）が無ければ，建物は土地の上に存立しえず，建物を撤去し，土地を明け渡さなければならないので，競売によって買受人の所有となった建物を存続させるためには土地利用権（抵当目的物の効用を助ける権利であるので従たる権利と呼ばれる）にも抵当権の効力が及んでいる必要がある（抵当権の効力が土地利用権にも及んでいれば買受人は建物とともに土地利用権も取得できる）。

判例は，「建物を所有するために必要な敷地の賃借権は，右建物所有権に付随し，これと一体となって一の財産的価値を形成しているものであるから，建物に抵当権が設定されたときは敷地の賃借権も原則としてその効力の及ぶ目的物に包含される」（最判昭40・5・4民集19巻4号811頁）として，従たる権利にも抵当権の効力が及ぶものとしている。判例はそう解する根拠条文を挙げていないが，学説には，87条2項類推適用による説，370条類推適用による説がある。

なお，上述のケースで，抵当権が実行され競売されると，賃借権者の交代が生じるが（Bから買受人），賃借権の譲渡には，賃貸人の承諾が必要となる（612条1項）。賃貸人が承諾しない場合については，借地借家法上，承諾に代わる裁判所の許可の制度がある（借地借家法20条）。

⑷ 分離物

抵当目的物から分離された物に抵当権の効力は及ぶのだろうか。例えば，Aの抵当権がBの所有する山林に設定されており，Bがその山林の立木を伐採した場合，山林上の伐採された伐木にも抵当権の効力は及ぶのだろうか（伐木から優先弁済を受けることができるだろうか）。また，伐木が山林から搬出された場合はどうか。

前提として，抵当権は非占有担保であり，抵当権設定者の使用収益を許す担保物権であるから，債務者が通常の使用収益の範囲で分離物を生じさせている限り，分離物に抵当権の効力は及ばない。それでは，通常の使用収益の範囲を超えた債務者の行為により分離物が生じた場合はどうだろうか。事例の伐木のように，分離物は動産となっているから動産には抵当権の効力は及ばないようにも思われる。

通説（対抗力の問題とする説）は，抵当権は目的物の全部を支配する物権であるから，分離物にも抵当権の効力が及ぶと考える。その上で，第三者が抵当権設定者から分離物の譲渡を受けたなどの場合において，抵当権者が分離物に対する抵当権の効力を第三者に対抗するためには，分離物が抵当不動産の上に存在している（比喩的にいえば，**公示の衣**に包まれている）ことを要するとする。そして，分離物が抵当不動産から搬出された場合には，第三者に抵当権を対抗できなくなるとする。上記の例でいえば，伐木が山林上に存在している限りは，Ａは伐木に抵当権の効力が及んでいることを第三者に対抗できるが，伐木が山林から搬出されると第三者に対抗できず，伐木から優先弁済を受けることができなくなる。

以上に対しては，即時取得の問題とする有力説もある。この説は，分離物が抵当不動産から搬出されても対抗力は存続し，第三者が即時取得すると抵当権の効力が失われるとする。判例は，工場抵当法の事例ではあるが，抵当権の目的である動産が工場外に搬出された場合において，第三者が即時取得をしない限りは，抵当権者は，搬出された目的動産を工場に戻すことを請求することができるとしている（最判昭57・3・12民集36巻3号349頁）。

⑸　果実

抵当不動産から天然果実（例：みかん），法定果実（例：賃料）果実が生じる場合がある。抵当権の効力はこれら果実（天然果実，法定果実）にも及ぶのだろうか。

民法は，「抵当権は，その担保する債権について不履行があったときは，

その後に生じた抵当不動産の果実に及ぶ」（371条）とした。「果実」には天然果実，法定果実がともに含まれる。371条反対解釈として，抵当権の効力は被担保債権の債務者の債務不履行があるまでは果実に及ばない。<u>抵当権は抵当権設定者に抵当目的物の使用収益を許す非占有担保であるから，原則として抵当権の効力は果実には及ばないというわけである。</u>しかし，債務不履行があれば，371条により果実にも抵当権の効力が及ぶため，抵当権者は担保不動産収益執行，物上代位といった方法を通じて優先弁済を受けることができる。

第3節　物上代位

1　物上代位とは

　例えば，AのBに対する3,000万円の債権の担保としてBが甲建物に抵当権を設定したが，甲建物がCに放火され，焼失したとする。甲が焼失したので，Aは甲につき抵当権を実行することはできなくなった。しかし，BがCに対して有する不法行為に基づく損害賠償請求（709条）について，Aに優先権が与えられる（**物上代位**）（**図1**参照）。物上代位により，AはCからの弁済により優先的に債権の回収を図ることができる。このように，抵当権者は抵当目的物の売却，賃貸，滅失，損傷によって抵当権設定者（上記の例だとB）が受けるべき金銭その他の物に対しても権利を行使することができる。

　<u>抵当権に基づく物上代位に関しては，先取特権の規定が準用されている</u>（372条・304条）。304条を抵当権の場合として読み替えると，次のようになる（なお，先取特権の規定である304条には「債務者が受けるべき」とあるが，抵当権など約定担保物権においては物上保証人や第三取得者も「受けるべき」者に該当しうるので，「債務者」を抵当目的物の所有者と読み替えるべきことになる）。

　『抵当権は，その目的物の売却，賃貸，滅失又は損傷によって抵当目的物

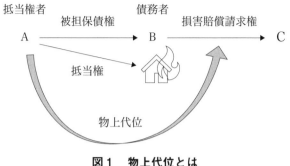

図1　物上代位とは

の所有者が受けるべき金銭その他の物に対しても，行使することができる。ただし，抵当権者は，その払渡し又は引渡しの前に差押えをしなければならない。』

　ただし，先取特権と抵当権とでは所々に異なる点があるため，このように文言を機械的に置き換えるだけで問題がないのかどうかについては検討の必要がある。

2　物上代位の根拠

　債務者が受けるべき金銭その他の物に対しても抵当権を行使することができるのはなぜだろうか。その根拠についてはいくつかの考え方がある。①**特権説**は，抵当権も物権である以上，目的物が消滅すれば消滅するのが本来のところであるが，抵当権者に物上代位という特権を認めることにより，抵当権者を保護しようという政策的判断に基づくものであるとする。②**価値権説**は，抵当権は目的物が把握する交換価値を支配する権利であり，目的物が消滅してもその代わりに価値代表物が存在していれば，抵当権の効力は当然に価値代表物に対して及ぶとする。③**折衷説**は，価値権説を基本としつつ，政策的判断に基づいても認められるものであるとする。

3　物上代位の対象

物上代位の対象に関して，372条が準用する304条が「目的物の売却，賃貸，滅失又は損傷によって債務者が受けるべき金銭その他の物」と規定しているように物上代位は，文言上は「金銭その他の物」が対象とされている（これを価値代表物と呼ぶことがある）。しかし，実際上，物上代位の対象となるのは，ほとんどの場合，（金銭そのものではなく）<u>金銭の支払請求権（債権）</u>である。

以下では，売却代金債権・賃料債権・転貸賃料債権・保険金請求権などの債権について物上代位の対象となりうるか検討する。

(1)　売却代金債権

BのAに対する債務を担保するためB所有の甲土地に抵当権が設定された。Bは甲をCに売却し，土地売却代金債権を有している。AはBのCに対する代金債権に物上代位をなしうるだろうか。

BはCに土地を売却しており，372条が準用する304条の「売却」に該当するため，売却代金債権に対する物上代位が認められることには問題が無いようにも思われる（肯定説）。

しかし，抵当不動産が譲渡されても抵当権は存続するので，抵当権者は第三取得者の不動産上の抵当権を実行することができる（このような効力を**追及力**または**追及効**という）。動産先取特権には追及力が無く（333条），物上代位を認める必要があるが（本書**第12章第3節**参照），抵当権にはこのような追及力があるので，売却代金への物上代位まで認める必要があるのか学説からは疑問視されている。また，抵当権者には，代価弁済という手段もある。学説では，売却代金への物上代位を否定する考えが多数を占めている（否定説）。

なお，判例には，買戻特約付売買の買主から目的不動産につき抵当権の設定を受けた者は，抵当権に基づく物上代位権の行使として，買戻権の行使に

より買主が取得した買戻代金債権を差し押さえることができるとしたものがある。その理由として最高裁は，買戻特約の登記に後れて目的不動産に設定された抵当権は，買戻しによる目的不動産の所有権の買戻権者への復帰に伴って消滅するが，抵当権設定者である買主やその債権者等との関係においては，買戻権行使時まで抵当権が有効に存在していたことによって生じた法的効果までが買戻しによって覆滅されることは無いと解すべきであり，また，買戻代金は，実質的には買戻権の行使による目的不動産の所有権の復帰についての対価と見ることができ，目的不動産の価値変形物として，372条により準用される304条にいう目的物の売却または滅失によって債務者が受けるべき金銭に当たるといって差し支えないからであるとしている（最判平11・11・30民集53巻8号1965頁）。

(2) 賃料債権

　BのAに対する債務を担保するためB所有の甲建物に抵当権が設定された。Bは甲建物をCに賃貸している。BのAに対する債務が債務不履行になった。AはBのCに対する賃料債権に対して物上代位をすることができるだろうか。

　抵当権は，非占有担保であり目的物の使用収益を抵当権設定者に許す担保物権であるので，使用収益の対価である賃料に物上代位はできないようにも思われる。しかし，抵当権の効力は被担保債権の債務不履行後に生じた法定果実にも及ぶこと（371条），賃料も交換価値がなし崩し的に具体化されたものであるといえることなどを理由に，372条が準用する304条の文言通りに，物上代位を認めるのが通説・判例（最判平元・10・27民集43巻9号1070頁）である。バブル経済の崩壊後，金融機関は，抵当不動産を競売するのではなく，抵当不動産の生み出す賃料から安定的に債権回収を図ることに注目するようになっていった。

(3)　転貸賃料債権

BのAに対する債務を担保するためB所有の甲建物に抵当権が設定された。Bは甲をCに賃貸した。CはDに甲を転貸した。AはCのDに対する転貸賃料債権に物上代位できるだろうか。

判例は，304条1項の文言では「債務者が受けるべき」とされているが，賃借人（上記事例ではC）は「債務者」に当たるような者でないとして，原則として転貸賃料債権に対する物上代位を否定した（最判平12・4・14民集54巻4号1552頁）。

しかし，B・C・Dで通謀して，Cをいわばダミーとして介在させているような場合には，通常の賃貸借と同じと見て物上代位を肯定すべきである。前掲最判平12・4・14も「抵当不動産の賃借人を所有者と同視することを相当とする場合には，その賃借人が取得すべき転貸賃料債権に対して抵当権に基づく物上代位権を行使することを許すべきものである」として，このような場合の転貸賃料債権に対する物上代位を肯定している。

(4)　保険金請求権

Aに対する債務の担保として，Bは甲建物に抵当権を設定した。その後，甲は火災で焼失してしまった。Bが甲に火災保険を付けており，Bは保険会社に対する火災保険金請求権を有している。Aは火災保険請求権に対して物上代位をすることができるだろうか。

条文の解釈としては，火災保険金請求権が「滅失又は損傷によって……受けるべき金銭」（372条・304条）といえるかが問題となる。保険金請求権は，目的物の価値の実現（価値代替物）ではなく，保険料を支払ったことによる保険契約の効果として受け取ることができるものに過ぎないとして，物上代位の対象とならないという考え方もあるが，判例・通説は物上代位を認めている。物上代位を認める根拠としては，保険金請求権は実質的には目的物の価値代表物ということができるという考え方，目的物の価値代替物とはいえないが，政策的に含めるべきであるという考え方などがある。

4 物上代位と差押え

抵当権者は「その払渡し又は引渡しの前に差押えをしなければならない」(372条・304条1項ただし書)。どうしてこのような差押えをしなければならないのだろうか。また，差押えは抵当権者が自分でしなければならないのか，それとも誰かが差押えをしていてくれたらそれでも足るのか。以下に3つの説を検討する。

(1) 特定性維持説

この説は，物上代位の要件として差押えが要求されている趣旨は，目的物の特定性を維持し，抵当権設定者の一般財産に混入することを防止するためであるとする。例えば，物上代位の対象である金銭が第三債務者（物上代位の対象となる債権の債務者）から抵当権設定者に支払われてしまうと，抵当権設定者の一般財産に混入して物上代位の目的物としての特定性を失い，物上代位ができなくなってしまう。それを防ぐのが差押えだとする。

この考えからすると，特定さえできればいいのであるから，差押えは抵当権者が自ら行う必要はない。他の誰かに先に差し押えられても，物上代位の対象にも抵当権の効力が及ぶことは抵当権の登記により公示されているから，特定性が維持されている以上，抵当権者は物上代位をなしうる（ただし，特定性維持説に立ちつつ，抵当権者が自ら差し押える必要があるとする説もある）。

(2) 優先権保全説（第三者保護説）

この説は，差押えは，抵当権者の優先権（優先的に満足を受ける権利）を保全するためのものであり，差押えをしない限り抵当権者は一般債権者や債権の譲受人等の第三者に物上代位を対抗できないとする。抵当権も物権である以上，目的物が消滅すれば消滅するのが本来のところ，法が特別に物上代位を認めたのであるから（特権説），抵当権者が自ら抵当権の効力が及んでいることを差押えにより公示する必要があるとする。

(3)　第三債務者保護説

　この説は，差押えの趣旨は，<u>第三債務者の二重弁済の危険を防止するため</u>であるとする。物上代位の対象となる債権の債務者である第三債務者は，自らの債権者に弁済をしても，物上代位を行う抵当権者に対して弁済による債権の消滅の効果を対抗できないという不安定な地位に置かれるおそれがある。そこで，第三債務者は，抵当権者による差押命令の送達を受ける前には抵当権設定者に弁済をすれば足りるものとし，弁済による目的債権消滅の効果を抵当権者にも対抗することができることにして，二重弁済を強いられる危険から第三債務者を保護しようとした。これが差押えの趣旨であるとする（最判平10・1・30民集52巻1号1頁）。この説によれば，<u>差押えは抵当権者が自らする必要がある</u>。抵当権が及んでいることを抵当権者が差押えによって自ら第三債務者に通知して知らせるべきだからである。

5　「払渡し又は引渡し」の前の差押え

　<u>抵当権者が物上代位をするためには「払渡し又は引渡し」の前に「差押え」がなされなければならない</u>（372条・304条1項ただし書）。

　物上代位の対象が「払渡し」（金銭債権の場合）または「引渡し」（物の場合）をされてしまうと，抵当権者は物上代位をすることができなくなる。

　例えば，AのBに対する3,000万円の債権の担保としてBが甲建物に抵当権を設定したが，甲がCに放火され，焼失したとする。BのCに対する損害賠償請求権（709条）に対してAが物上代位をするためには，CがBに賠償義務を履行する前に差し押さえなければならない。

(1)　物上代位と債権譲渡の優劣

　物上代位の対象となる債権が債権譲渡されたことは，「払渡し又は引渡し」に当たるだろうか。

　これは次のような事例で問題となった。AはBに30億円を貸し付け，こ

の債務を担保するために物上保証人Cが甲建物に抵当権を設定した。Cは甲をDに安価で賃貸した。その後CはEから7,000万円を借り受け，その債務の代物弁済としてDに対する将来の賃料債権をEに譲渡した（Dの確定日付ある承諾を得た）。その後，Aは抵当権に基づく物上代位の行使として，CのDに対する将来の賃料債権を差し押さえ，賃料の支払いを請求した。ここで，Aの差押え前に，賃料債権がEに譲渡されているが，債権譲渡は「払渡し又は引渡し」に当たるだろうか。

判例は，304条1項の「払渡し又は引渡し」には債権譲渡は含まれないとした。そして，抵当権者は物上代位の目的債権が債権譲渡され，債権譲渡の第三者対抗要件が備えられた後においても，自ら目的債権を差し押さえて物上代位権を行使することができるとした（前掲最判平10・1・30）。

同判例は，差押えの趣旨は，主として，第三債務者の二重弁済の危険を防止することにあるとした（第三債務者保護説）。そして，①304条1項の文言には当然には債権譲渡を含むものとは解されないこと，②差押命令の送達前に債権譲渡の譲受人に弁済した場合は債権の消滅を抵当権者に主張できるので，抵当権者に目的債権の譲渡後における物上代位権の行使を認めても，第三債務者の利益が害されることにはならないこと，③抵当権設定登記により物上代位の目的債権に抵当権の効力が及ぶことは公示されていること，④債権譲渡により物上代位の行使を免れられるとすれば，抵当権者の利益を不当に害することになることを挙げ，以上のことは，物上代位による差押えの時点において債権譲渡に係る目的債権の弁済期が到来しているかどうかにかかわりなく当てはまるものとした。

なお，上述の通り，債権譲渡され，債権譲渡の第三者対抗要件が備えられた後においても，抵当権者は自ら目的債権を差し押さえて物上代位権を行使することができるが，抵当権者が債権を差し押さえる前に債務者が債権の譲受人に弁済してしまった場合は，債権は弁済によって消滅してしまうから，その後に抵当権者が債権を差し押さえて物上代位をすることはできない。

⑵　一般債権者の差押え・転付命令

　転付命令の場合も⑴の債権譲渡と同じ様に考えてよいだろうか。これは次のような事例で問題となった。

　BのAに対する債務を担保するためB所有の甲土地に抵当権が設定され，その登記がなされた。甲土地はCに売却されたが，その売却代金債権をBの一般債権者が差し押さえ，転付命令の送達がなされた。この場合においても，抵当権者は差し押さえて物上代位をすることができるか（転付命令とは，差押債権者の申立てにより，支払いに代えて券面額で差し押さえられた金銭債権を差押債権者に転付する命令をいう〔民事執行法159条〕）。

　判例は，転付命令が第三債務者に送達される時までに抵当権者が被転付債権の差押えをしなかったときは，転付命令の効力は妨げられず，抵当権者は当該債権について抵当権の効力を主張することはできないとした（最判平14・3・12民集56巻3号555頁）。転付命令は債権譲渡と同じく債権移転の効果を生じるので，前掲最判平10・1・30と同じように考えるとすれば，抵当権の設定登記が第三債務者への送達よりも先になされていれば，物上代位が優先するようにも考えられる。しかし，前掲最判平14・3・12は，転付命令は，これが第三債務者に送達された時に他の債権者が民事執行法159条3項に規定する差押え等をしていないことを条件として，差押債権者に独占的満足を与えるものであり，同項に規定する差押えには物上代位による差押えが含まれるから，転付命令が第三債務者に送達される時までに抵当権者が物上代位の差押えをしなかったときは，転付命令が優先するとした。

⑶　賃料債権に対する物上代位と相殺

　抵当権者が物上代位権を行使して賃料債権の差押えをした後に，賃借人が賃貸人に対して取得した債権を自働債権として，賃料債権と相殺することができるだろうか。これは次のような事例で問題となった。

　AはBに対する債権の担保としてB所有の甲建物に抵当権の設定を受けた。CはBから甲を賃借している。他方，CはBに対し債権を取得した。A

はBが債務を履行しないため，BがCに対して有する賃料債権に対して物上代位の差押えをしたが，CはBに対して有する債権を自働債権として，BがCに対して有する賃料債権との相殺を主張した。この相殺は認められるだろうか。

判例は，抵当権者が物上代位権を行使して賃料債権の差押えをした後は，抵当不動産の賃借人は，抵当権設定登記の後に賃貸人に対して取得した債権を自働債権とする賃料債権との相殺をもって，抵当権者に対抗することはできないとした（最判平13・3・13民集55巻2号363頁）。判例はその理由として，物上代位の差押えがされる前においては，賃借人のする相殺は何ら制限されるものではないが，物上代位の差押えがされた後においては，抵当権の効力が物上代位の目的となった賃料債権にも及ぶところ，物上代位により抵当権の効力が賃料債権に及ぶことは抵当権設定登記により公示されているから，抵当権設定登記の後に取得した賃借人の賃貸人に対する債権と賃料債権とを相殺することへの賃借人の期待は，抵当権の効力に優先するものではないと述べた。この判例は，抵当権設定登記後に取得した債権を自働債権として相殺できないとしたものではなく，抵当権設定登記後に取得した債権であっても，抵当権者による差押えが行われる前であれば相殺できるとしている。判例は「物上代位」を，物上代位できる状況があれば，自動的に抵当権の効力が債権に及んでいくものと捉えているのではなく，差押えを条件として抵当権の効力を及ぼす権利と捉えている。

(4) 賃料債権に対する物上代位と敷金の充当

次の場合，賃料債権への物上代位は可能だろうか。BのAに対する債務を担保するためB所有の甲建物に抵当権が設定され，その登記がなされた。甲はCに賃貸され，CはBに敷金を交付した。AはBがCに対して有する賃料債権につき物上代位の差押えをした。その後，CはBとの賃貸借契約を解除して建物を明け渡した。AはCに対して未払い賃料の支払いを求めたが，Cは未払い賃料は敷金により充当されたと主張してこれを拒んだ。

判例は，敷金が授受された賃貸借契約に係る賃料債権につき抵当権者が物上代位権を行使してこれを差し押さえた場合においても，賃貸借契約が終了し，目的物が明け渡されたときは，目的物の返却時に残存する賃料債権等は敷金が存在する限度において敷金の充当により当然に消滅するとした（最判平14・3・28民集56巻3号689頁）。上記の例では，賃料債権が敷金により充当されて消滅したことによって，賃料債権への物上代位は空振りに終わり，CはAに対する支払いを拒めることになる。同判例は「抵当権者は，物上代位権を行使して賃料債権を差し押さえる前は，原則として抵当不動産の用益関係に介入できないのであるから，抵当不動産の所有者等は，賃貸借契約に付随する契約として敷金契約を締結するか否かを自由に決定することができる。したがって，敷金契約が締結された場合は，賃料債権は敷金の充当を予定した債権になり，このことを抵当権者に主張することができる」という理由を挙げている。前掲最判平13・3・13のような「物上代位と相殺」の問題としたものではない点に注意が必要である。

第4節　抵当権の実行

1　抵当権の実行とは

　抵当権者は，弁済期に債務の履行がされない場合には，抵当権を実行して抵当不動産から優先弁済を受けることができる。抵当権の実行手続の多くは民事執行法に規定されている。債務名義（確定判決等）を必要とするか否かの違いはあるが，抵当権の実行手続も強制執行手続も申立て後の手続きはほぼ同じである（民事執行法188条参照）。

　なお，抵当権者は抵当不動産以外の債務者の一般財産から弁済を受けることができる。ただし，抵当権者は，抵当不動産の代価から弁済を受けない債権の部分についてのみ，一般財産から弁済を受けることができる（394条1項）。394条1項は，抵当不動産の代価に先立って他の財産の代価を配当すべ

き場合には適用されない。この場合において，他の各債権者は，抵当権者に394条1項の規定による弁済を受けさせるため，抵当権者に配当すべき金額の供託を請求することができる（同2項）。

以下では，①抵当不動産の競売，および②担保不動産収益執行について検討する。

2　抵当不動産の競売

抵当不動産の競売は，抵当権者が抵当不動産を差し押さえて，競売に付し，その売得金（売却代金）から優先弁済を受ける方法である。

抵当権実行のための実体法上の要件は，①被担保債権の存在，②抵当権の存在，③弁済期の到来である。

競売の開始決定に際し，これらの要件の実質審理は行われない（執行異議の申立てにより争われる）（民事執行法11条・182条）。

抵当権の実行は，不動産の所在地を管轄する地方裁判所（執行裁判所）への申立てによって行われる。申立てには，抵当権の存在を証する文書すなわち，①抵当権の存在を証する確定判決またはこれらと同一の効力を有するものの謄本，②抵当権の存在を証する公証人が作成した公正証書の謄本，③抵当権の登記がされている登記事項証明書のどれかの提出が必要である（民事執行法181条1項）。

競売開始決定においては，抵当不動産を差し押さえる旨の宣言がなされ，差押えによって所有者は抵当不動産の処分が禁止される（民事執行法45条・188条）。

不動産の売却方法は，入札か競り売りのいずれかであるが，通常は入札で行われる。裁判所の売却許可決定が確定すると，買受人は代金を納付しなければならず，代金の納付によって買受人は不動産の所有権を取得する。

代金の納付がなされると，債権者が1人である場合または債権者が2人以上であって売却代金で各債権者の債権および執行費用の全部を弁済すること

ができる場合には，執行裁判所は売却代金の交付計算書を作成して債権者に弁済金を交付し，剰余金を債務者に交付する。その場合を除き，執行裁判所は，配当表に基づいて配当を実施しなければならない（民事執行法84条・188条）。

【コラム：不動産競売物件情報サイト】

不動産競売物件情報サイト（http://bit.sikkou.jp）は，最高裁判所から委託された民間企業が運営している競売物件情報サイトである。インターネット上で競売物件情報が公開されており，全国の裁判所で導入されている。かつては，裁判所でしか閲覧・謄写ができなかった「物権明細書」，「現状調査報告書」，「評価書」のいわゆる３点セットが同サイトで閲覧・ダウンロードできる。

・物権明細書……裁判所が物件の表示・買受人が引き受ける権利関係等の概況を記載した資料
・現状調査報告書……執行官が物件の占有関係等について調査した報告書
・評価書……評価人（不動産鑑定士）による物件の評価額，計算過程を記載した書面，申立債権者から提出された資料等

3 担保不動産の収益執行

担保不動産の収益執行とは，執行裁判所が管理人を選任し，抵当不動産が生み出す収益から抵当権者が優先弁済を受ける方法である（民事執行法93条以下・188条）。例えば，抵当不動産の管理を管理人に委ね，賃貸してその収益を抵当権者に配当して優先弁済に充てるというような執行が行われる。

実体法上の要件は，①被担保債権の存在，②抵当権の存在，③弁済期の到来である。収益執行の開始には「抵当権の存在を証する文書」が必要である（民事執行法181条１項）。

競売と収益執行が競合することがあり得る。抵当権者は両者のいずれか，

または双方を選択することができる（民事執行法180条）。

　抵当権者は，抵当権を実行する方法として収益執行によることもできるし，物上代位によることもできる。物上代位が先に行われていた場合，収益執行手続の開始によって物上代位の差押えの効力は停止する（民事執行法93条の4・188条）。

第5節　法定地上権

1　法定地上権とは

　土地およびその上に存する建物が同一の所有者に属する場合において，その土地または建物につき抵当権が設定され，その実行により所有者を異にするに至ったときは，その建物について，地上権が設定されたものとみなす（388条前段）。

　このように，一定の場合において，法律上当然に発生する地上権を**法定地上権**という。どうしてこのような制度が必要なのだろうか。

　例えば，Aが土地と建物を所有しており，建物だけに抵当権を設定したが，それが競売されてBが競落し，Bが建物の新所有者となったとする。つまり，競売により土地と建物の所有者が別人となったとする。他人の土地の上に建物が存立するには占有するだけの権原が必要なはずであるが，もし，建物所有者に賃借権，地上権等の土地の占有権原が無いとすれば，その建物は土地の上に存立しえず，建物を撤去し，土地を明け渡さなければならない。Bの建物がまさにその状態に陥っている。しかし，まだ使える建物を撤去するとうのは社会経済上不利益であり，抵当権設定当事者の意思にも反するであろう（そもそも，土地所有者が建物を競落した買受人に対して，建物を収去し，土地の明渡しを求めることができるのだとしたら，誰も建物を競落しないであろう。それでは，建物に抵当権を設定して融資を受けるということもできなくなってしまう）。

また，民法は原則として，自己が所有する土地に自分のために地上権や賃借権を設定すること（自己借地権）を認めておらず，上記のような場合に備えて，Ａがあらかじめ土地利用権を設定しておくということはできない。

　そこで民法は，このような場合の建物の存立のために，法律上当然に地上権が発生するとしたのである。そのための要件は388条前段に規定されている。

2　法定地上権の成立要件

　法定地上権の成立要件は次の①〜④に整理できる。①抵当権設定時に土地に建物が存在していたこと（要件①），②抵当権設定時に土地と建物が同一の所有者に属すること（要件②），③土地または建物に抵当権が設定されたこと（要件③），④その実行により，土地と建物の所有者が別人になったこと（要件④）（388条前段）。

　以下，要件ごとに問題点を検討する。

(1)　抵当権設定時に土地に建物が存在していたこと（要件①）

i　要件①　抵当権設定時に土地の上に建物が存在していたことが必要である（388条前段）。これに対して，更地に抵当権を設定後，建物が建てられた場合，その後の土地の抵当権の実行により法定地上権は成立するだろうか。まず，形式的に見て，要件①を満たしていない。それでは実質的に考えるとどうだろうか。更地に抵当権を設定した抵当権者としては，土地の価値を更地として高く評価している。それなのに後から建った建物のために法定地上権が成立するとすれば，法定地上権の負担付の土地として，低く競落されることになり，抵当権者の期待が害される。やはりこの場合，法定地上権の成立を否定するべきである。判例も法定地上権の成立を否定している（大判大4・7・1民録21輯1313頁）。

ii　抵当権者が建物建築を承諾していた場合　更地に抵当権を設定後，抵当

権者が建物の建築を承認して建物が建てられた場合であっても法定地上権は成立しない。もし法定地上権が成立すると，登記からは分からない事情によって買受人が不測の不利益を被ることになる。判例も法定地上権の成立を否定している（最判昭36・2・10民集15巻2号219頁）。

iii　土地と建物に抵当権が設定された場合の建物の再築　BのAに対する債務を担保するためB所有の甲建物と乙建物に抵当権が設定され（共同抵当），その後，BはAの承諾の下で乙建物を取壊し（乙建物の抵当権は消滅），新たに丙建物を建築した（丙には抵当権は設定されていない）。その後，土地の抵当権が実行され，Cが買受人となった。この場合に，丙建物のために法定地上権は成立するだろうか。

　この場合でも，抵当権者は法定地上権の負担付の土地であることを覚悟しているので法定地上権が成立するという考えもある。判例には，抵当権を設定した土地所有者である夫が，妻に建物を再築させ，妻とその建物に居住していたという特殊事情の下で法定地上権の成立を認めたものがある（大判昭13・5・25民集17巻1100頁）。

　しかし，現判例は，上記のような事例で，特段の事情（新建物が建築された時点での土地の抵当権者が新建物について土地の抵当権と同順位の共同抵当権の設定を受けたとき等）の無い限り，法定地上権は成立しないとする（最判平9・2・14民集51巻2号375頁）。現判例がその理由としたのは次のようなことである。土地および地上建物に共同抵当が設定された場合，抵当権者は土地および建物を全体として担保価値を把握しているといえる。そして，建物が取り壊された場合には，抵当権者は，土地について法定地上権の負担の無い更地としての担保価値を把握しているものと捉えることができる。なぜなら，もし，抵当権が設定されない新建物のために法定地上権の成立を認めるならば，抵当権者は，法定地上権の負担付の土地の担保価値のみを把握していることとなって不測の損害を被る結果になってしまうからである。以上要するに，抵当権者としては，当初，法定地上権付の価値の高い建物と，法定地上権の負担のある価値の低い土地を併せて全体として担保に取ったのだから，

建物が消滅した場合は，法定地上権付の建物の担保価値を把握できなくなった分，土地については，法定地上権の負担の無い高い担保価値を把握するものと考えるべきだという理屈である。このような考え方を**全体価値考慮説**と呼ぶ。

(2) 抵当権設定時に土地と建物が同一の所有者に属すること（要件②）

抵当権設定時に土地と建物が別人所有であった場合は，建物のための約定利用権（賃借権，地上権）が存在しているはずであり，その約定利用権によって建物の存続は可能であるため，法定地上権は必要ない。したがって，抵当権設定時に土地と建物が別人所有であった場合には法定地上権は成立しないものと考えられる。388条前段が，抵当権設定時に土地と建物が同一の所有者に属することを要件としているのはこのためである。

i　抵当権設定後に，土地と建物の所有者が同一人となった場合　　それでは，次のような場合に法定地上権が成立するだろうか。Aが所有する土地上に建っているB所有の建物（Bは賃借権，地上権などの土地利用権を有しているものとする）につき，Bの債権者Cのために抵当権が設定された。Aはこの土地をBに売却した（つまり，抵当権設定後に，土地と建物の所有者が同一人となった）。その後，建物の抵当権が実行され，Dが買受人となった。法定地上権は成立するだろうか。

この場合，一見すると，土地をBが購入した時点で，建物の所有者もBであり，自分自身のための土地利用権は必要ないので，土地利用権は混同（179条）によって消滅し，競売後の建物存続のためには法定地上権が成立するようにも思われる。

しかし，Bの土地利用権はCの抵当権の目的となっており，抵当権の効力が及んでいるので（本章**第2節2(3)**で見たように，抵当権の効力は，その従たる権利である土地利用権にも及ぶ），混同の例外の法理により土地利用権は消滅しない（179条1項ただし書）。抵当権の効力は土地利用権にも及ぶので，建物を競落したDは，この土地利用権を建物の占有権原とすることができ

る。このように土地利用権は存続するため，法定地上権を成立させる必要は
なく，法定地上権は成立しない。判例も，法定地上権の成立を否定している
（最判昭44・2・14民集23巻2号357頁）。

ⅱ　土地の2番抵当権設定時に同一人所有であった場合　　Aが所有する土地
上にB所有の建物が建っている。Aの債権者Cのために土地に抵当権が設
定された。Aはこの土地をBに売却し，土地と建物の双方がBの所有とな
った。その後，Bの債権者Dのために土地に2番抵当権が設定された場合，
法定地上権は成立するだろうか。

　土地に1番抵当権が設定された当時は，土地と建物の所有者が異なってい
たが，土地に2番抵当権が設定された時点では，土地は同一所有者に帰属し
ている。そこでは，2番抵当権設定時を基準とすると法定地上権の成立要件
が満たされているとして，法定地上権が成立すると考えるべきだろうか。

　1番抵当権の設定の時点では，土地と建物は別人所有である。したがって，
1番抵当権者としては，そもそも法定地上権は成立しないものとして土地の
担保価値を把握している。それなのに，2番抵当権の時点では要件が満たさ
れているからといって法定地上権が成立するとなると，1番抵当権者は法定
地上権の負担付の担保価値を把握していたことになり，不測の不利益を受け
る（約定の土地利用権よりも法定地上権の方が負担が重く担保価値が下がる）。し
たがって，この場合，法定地上権は成立しないと解するべきである。判例も
法定地上権の成立を否定している（最判平2・1・22民集44巻1号314頁）。

ⅲ　1番抵当権が消滅した場合　　Aが所有する土地上にあるB所有の建物
が建っている。Aの債権者Cのために土地に抵当権が設定された。Aはこ
の土地をBに売却し，土地と建物の双方がBの所有となった。Bの債権者
Dのために土地に2番抵当権が設定された後，1番抵当権が，抵当権設定
契約の解除により消滅したとする。Dの抵当権が実行された場合に法定地
上権は成立するか。

　この場合に法定地上権が成立すると，土地の担保価値は下がってしまい2
番抵当権者Dを害するとも思われる。しかし，Dとしては，弁済や解除に

よってCの1番抵当権が付従性により消滅することがあり得ることは事前に予測できるので，法定地上権が成立することはDにとって不測の事態とはいえない。したがって，この場合，法定地上権が成立するものと解される。判例も，法定地上権の成立を肯定している（最判平19・7・6民集61巻5号1940頁）。

iv　建物の2番抵当権設定時に同一人所有であった場合　Aが所有する土地上にあるB所有の建物につき，Bの債権者Cのために抵当権が設定された。Aはこの土地をBに売却し，土地と建物の双方がBの所有となった。その後，Bの債権者Dのために建物に2番抵当権が設定された場合，法定地上権は成立するか。

　この場合については，2番抵当権の時点では法定地上権の要件が満たされていること，2番抵当権を基準に法定地上権を認めても，建物の抵当権者（1番抵当権者，2番抵当権者ともに）にとっては有利であることから，法定地上権は成立すると解される。判例も法定地上権の成立を肯定している（大判昭14・7・26民集18巻772頁）。

v　抵当権の設定後に土地と建物が別人所有になった場合　抵当権設定時に土地と建物が同一人所有であったが，その後別人所有になった場合でも法定地上権は成立するのだろうか。確かに，別人所有になった時点で，約定の土地利用権が発生しているので，それが存続し，法定地上権は成立しないようにも思われる。しかし，抵当権者としては抵当権設定時に，法定地上権の成立を予期できていたので，その成立は肯定されるものと解される。判例も法定地上権の成立を肯定している（大判大12・12・14民集2巻676頁）。

vi　共有の場合

①土地の共有の場合　土地がAとBの共有で，建物がAの単独所有のケースで，土地のAの持ち分に抵当権が設定され，実行されても，法定地上権は成立しない（最判昭29・12・23民集8巻12号2235頁）。判例は，土地の共有者の1人であるAが単独の処分権を有しないことを理由とする。法定地上権の成立は，Aと土地を共有しているBにとっては不利となる

から法定地上権を成立させるべきではないであろう。同じケースで，建物に抵当権が設定された場合も同様に法定地上権は成立しないものと解される（通説）。

②**建物の共有の場合**　建物がAとBの共有で，土地がAの単独所有であるとする。土地に抵当権が設定され，実行された場合，法定地上権が成立する（最判昭46・12・21民集25巻9号1610頁）。法定地上権の成立は，建物の共有者Bにとって有利であるからである。この場合にAの建物持ち分に抵当権が設定され，実行された場合も同様に法定地上権は成立するものと解される。

③**土地・建物がともに共有の場合**　土地も建物もともに共有の場合はどうだろうか。判例には，地上建物の共有者（Aら3名）の1人（A）の土地共有者の債務を担保するため，土地共有者（Aを含む9名）の全員が各持分に共同して抵当権を設定した場合に，土地共有者の1人（A）だけについて388条により地上権を設定したものとみなすべき事由が生じたとしても，他の土地共有者らが法定地上権の発生をあらかじめ容認していたと見ることができるような特段の事情がない限り，法定地上権は成立しないとしたものがある（最判平6・12・20民集48巻8号1470頁）。

(3)　土地または建物に抵当権が設定されたこと（要件③）

388条前段の「土地又は建物につき抵当権が設定され」の要件については，土地と建物双方に抵当権が設定された場合でもよいと解されている（最判昭37・9・4民集16巻9号1854頁）。この場合にも，法定地上権の趣旨が同様に当てはまるからである。

(4)　その実行により，土地と建物の所有者が別人になったこと（要件④）

抵当権の実行により，土地と建物の所有者が別人になったことが必要である。

3　法定地上権の内容

388条前段の要件を満たすことにより，法定地上権が成立する。

法定地上権の存続期間については，協議が調わない場合は，法定地上権は，建物所有のための地上権であるため，借地借家法3条が適用され30年となる。

地代については，当事者の請求により，裁判所が決定する（388条後段）が，協議があればそれが優先する（大判明43・3・23民録16輯233頁）。

4　一括競売

建物のために法定地上権が成立するためには，抵当権設定時に土地に建物が存在していたことが必要である（388条前段）。したがって，土地の抵当権の設定後に，その土地に建物が建築された場合には，その後，土地の抵当権が実行されても，建物のために法定地上権は成立せず，土地の買受人は，建物の所有者に対して建物の収去，土地の明渡しを求めることができる。しかし，建物の収去は社会経済上の不利益を生じさせる。そこで民法は，抵当権の設定後に抵当地に建物が建築された場合には，抵当権者は，土地とともにその建物を競売することができるとした（389条1項本文）。これを**一括競売**という。なお，建物を建築した者は，抵当権設定者である必要はない。一括競売がされると，建物と土地は同一の買受人の所有となるので，建物の収去を免れる。土地の抵当権者は，土地の代価からのみ優先弁済を受けることができる（同項ただし書）。建物の所有者が抵当地を占有するについて抵当権者に対抗することができる権利を有する場合には，一括競売は認められない（同2項）。

第6節　抵当権侵害

1　抵当権侵害の救済方法

抵当権は，抵当権設定者の使用・収益を許す物権（非占有担保）であるので，通常の範囲内で使用・収益が行われている限りは抵当権侵害にならない。しかし，抵当権に対する侵害行為がある場合に抵当権者にはどのような救済手段があるだろうか。

まず，抵当権の侵害があり，不法行為の要件を満たす場合には，加害者に**損害賠償請求**（709条）をすることも考えられる。また，抵当権は物権であるから，その侵害がある場合には**物権的請求権**により，その排除を求めることができる。

2　抵当権に基づく物権的請求権（搬出物の返還請求）

抵当権設定者や第三者が従物や分離物を不法に搬出しようとする場合，抵当権者は，抵当権に基づく物権的請求権を行使して，搬出の禁止を求めることができるものと解される。また，すでに搬出された場合，抵当権設定者の下への目的物の返還が認められると解される（抵当権者は占有権原が無いので，自己への返還を求めることはできない）。

3　抵当不動産の不法占有

抵当不動産に不法占拠者がいる場合，抵当権者は不法占拠者に対して何が請求できるだろうか。抵当不動産に不法占拠者がいると，競売しても買い手が現れない恐れがある。そこで，不法占拠者に対する抵当権に基づく妨害排除請求権の可否が問題となる。

かつての判例は，抵当権が非占有担保であることを強調し，抵当権者は，抵当不動産の占有関係について干渉し得る余地はないので，第三者が抵当不動産を権原により占有し，または不法に占有しているというだけでは抵当権が侵害されているわけではないとして，抵当権に基づく妨害排除請求を否定した（最判平3・3・22民集45巻3号268頁）。

　しかし，これでは抵当権の実行を妨害するために抵当権不動産を占有し，不当な利益を得ようとする者（占有屋と呼ばれる）を抵当権者が排除できないことになってしまう。確かに，占有屋がいるようなケースでは，抵当不動産の所有者が所有権に基づく妨害排除請求権を行使できるが，抵当不動産の所有者と占有屋が通謀しているような場合では抵当権者はこれを期待できない。

　その後，判例は変更された。すなわち，最大判平11・11・24民集53巻8号1899頁は，第三者が抵当不動産を不法占有することにより，競売手続の進行が害され適正な価額よりも売却価額が下落するおそれがあるなど，抵当不動産の交換価値の実現が妨げられ抵当権者の優先弁済請求権の行使が困難となるような状態があるときは抵当権侵害に当たるとした。そして，同判決は傍論としてではあるが，抵当権に基づく不法占拠者に対する妨害排除請求権も認めた。すなわち，①第三者が抵当不動産を不法占有することにより抵当不動産の交換価値の実現が妨げられ，②抵当権者の優先弁済請求権の行使が困難となるような状態があるときは，抵当権に基づく妨害排除請求として，侵害の排除を求めることも許されるとした。

4　占有権原を有する者との関係

　それでは，抵当不動産の所有者から賃借権などの占有権原の設定を受けて占有している者に対して，抵当権に基づく妨害排除請求をなしうるか。

　最判平17・3・10民集59巻2号359頁は，①占有権原の設定に抵当権の実行としての競売手続を妨害する目的が認められ，②その占有により抵当不動産

の交換価値の実現が妨げられて抵当権者の優先弁済請求権の行使が困難となるような状態があるときは，抵当権者は，当該占有者に対し，抵当権に基づく妨害排除請求として，上記状態の排除を求めることができるとした。同判決はその理由として，抵当不動産の所有者は，抵当不動産を使用または収益するに当たり，抵当不動産を適切に維持管理することが予定されており，抵当権の実行としての競売手続を妨害するような占有権原を設定することは許されないからであるとした。

　占有者に対する抵当権に基づく妨害排除が認められる場合，誰に明け渡すよう請求できるのかが問題となる。物権的請求権による場合，本来は不動産の占有権原がある抵当権設定者（所有者）に明け渡すべきである。しかし，抵当不動産の所有者の管理に任せられない場合もありうる（また占有屋と通謀しているケースもある）。前掲最判平17・3・10は，抵当権に基づく妨害排除請求権の行使に当たり，抵当不動産の所有者において抵当権に対する侵害が生じないように抵当不動産を適切に維持管理することが期待できない場合には，抵当権者は，占有者に対し，直接自己への抵当不動産の明渡しを求めることができるとした。

5　抵当権者による妨害排除請求権の代位行使

　抵当不動産の所有者は，抵当不動産の不法占有者に対して，所有権に基づく妨害排除請求権を行使できる。抵当権者はこれを代位行使（423条）できないだろうか。

　判例は，抵当不動産の所有者は，抵当権に対する侵害が生じないよう抵当不動産を適切に維持管理することが予定されているとし，抵当不動産の交換価値の実現が妨げられ抵当権者の優先弁済請求権の行使が困難となるような状態があるときは，抵当権の効力として，抵当権者は，抵当不動産の所有者に対し，その状態を是正し抵当不動産を適切に維持・保存するよう求める請求権（**担保価値維持保存請求権**）を有するとした（前掲最大判平11・11・24）。

そして，抵当権者は，この抵当不動産を適切に維持または保存するよう求める請求権を保全する必要があるときは，423条の法意に従い，所有者の不法占有者に対する妨害排除請求権を代位行使することができるとした。また，この判例は，抵当権者自身への明渡しを認めている。

　この判例では，代位行使の被保全債権は，被担保債権ではなく，担保価値維持保存請求権であるとされている。これは信義則に基づくもの（物権上の担保価値維持保存義務）と性格付けることができる。担保価値維持保存請求権は物上保証人や第三取得者に対しても主張しうるものであるから，抵当権者は，被担保債権の債務者のみならず物上保証人や第三取得者が有する所有権に基づく妨害排除請求権を代位行使しうることになる。

6　抵当権侵害に基づく損害賠償請求権

　抵当不動産が第三者の行為によって滅失・損傷した場合，その第三者に対して損害賠償請求（709条）ができるだろうか。第三者の侵害行為によって，担保価値が減少して被担保債権が満足を受けられない場合には「損害」（709条）の発生が認められ，抵当権者は第三者に対して損害賠償請求をなしうる。

　ただし，物上代位との関係で議論がある。すなわち，加害行為をした第三者に対して，抵当目的物の所有者（設定者）は所有権の侵害につき損害賠償請求権を有するので，抵当権者はそれに物上代位ができるのみであって，抵当権者が独自に損害賠償請求をすることはできないとする見解もある。

7　抵当権実行前の損害賠償請求

　抵当権侵害による損害賠償請求ができるとした場合，抵当権の実行前でも損害賠償請求権を行使しうるのだろうか。抵当目的物の価値は抵当権の実行をして初めて確定するため，抵当権の実行前には損害賠償請求ができないという考え方も有力である。これに対して判例は，抵当権実行前であっても，

被担保債権の弁済期後であれば，損害賠償請求時（事実審の口頭弁論終結時）を基準とした賠償請求が可能であるとしている（大判昭 7・5・27民集11巻1289頁）。

8　期限の利益の喪失

被担保債権の債務者が，抵当目的物を滅失・損傷させ，または減少させたときは，債務者は**期限の利益を喪失し**（137条 2 号），その結果，抵当権者は抵当権を実行することができる。

9　増担保請求

また，137条 2 号の行為があった場合，抵当権者は設定者に**増担保請求**ができるものと解されている（通説）。実務では，増担保ができる旨の特約がなされていることが多い。なお，債務者が増担保義務を負う場合において，担保を提供しないときは期限の利益を喪失する（137条 3 号）。

第 7 節　代価弁済・抵当権消滅請求

抵当権設定者（抵当不動産の所有者）は，その抵当不動産を他人に譲渡することができる。抵当権の負担の付いた不動産を取得した者（第三取得者）としては，いつ債務者が債務不履行となり，抵当権が実行され，権利を失うか分からず，せっかく取得した抵当不動産を有効活用できないおそれがある。そのような第三取得者のために民法は抵当権を取り除く制度を認めた。それが，代価弁済と抵当権消滅請求である。以下，それぞれ見ていこう。

1　代価弁済

　抵当不動産について所有権または地上権を買い受けた第三者が，<u>抵当権者の請求に応じて</u>その抵当権者にその代価（抵当権者の提示した金額）を弁済したときは，抵当権は，その第三者のために消滅する（378条）。これを**代価弁済**という。抵当権者の主導により行われるのがポイントである。

　例えば，抵当権者が1,000万円を第三取得者に請求し，第三取得者がこれに応じて1,000万円を支払うことにより，取得した不動産上の抵当権は消滅し，第三取得者は抵当権の負担のない不動産（例えば，評価額1,100万円）を手にすることができる。抵当権者としては，抵当権を実行しても，競売による売却価格は実際には安くなってしまうので，代価弁済請求をして1,000万円を手に入れてしまった方が得である。第三債務者としても，被担保債権（例えば，1,100万円）をすべて弁済（第三者弁済，474条）するよりも，代価弁済請求に応じて（1,000万円を支払うことで）抵当権が消滅してくれれば都合がよい。

　代価弁済は合意により行われるものであり，第三取得者にはこれに応じる義務は無い。「代価」が被担保債権額より低い場合は，残額は無担保の一般債権となる。

2　抵当権消滅請求

　抵当不動産の第三取得者は，自ら抵当物件の評価額を提供して，**抵当権消滅請求**をすることができる（379条）。

　<u>抵当権消滅請求をすることができるのは，第三取得者である</u>。主たる債務者，保証人およびこれらの者の承継人は，抵当権消滅請求をすることができない（380条）。抵当不動産の停止条件付第三取得者は，その停止条件の成否が未定である間は，抵当権消滅請求をすることができない（381条）。

　抵当権消滅請求ができる時期はいつだろうか。抵当権消滅請求は抵当権者

と第三取得者の利害調整のための制度であるから，抵当不動産の第三取得者は，抵当権の実行としての競売による差押えの効力が発生する前に，抵当権消滅請求をしなければならない（382条）。

　抵当不動産の第三取得者は，抵当権消滅請求をするときは，登記をした各債権者（抵当権者，不動産先取特権者，不動産質権者）に対し，383条1号～3号に規定されている書面を送付しなければならない（383条）。登記をしたすべての債権者が抵当不動産の第三取得者の提供した代価または金額を承諾し，かつ，抵当不動産の第三取得者がその承諾を得た代価または金額を払い渡しまたは供託したときは，抵当権は消滅する（386条）。

　383条の書面の送付を受けた債権者が，書面の送付を受けた後2か月以内に抵当権を実行して競売の申立てをしないとき等一定の場合には，抵当不動産の第三取得者が提供した代価または金額を承諾したものとみなされる（384条）。つまり，抵当権消滅請求に対する抵当権者らの対抗措置としては，競売の申立てという手段がある。競売の申立てをするときは，書面の送付を受けた後2か月以内に，債務者および抵当不動産の譲渡人にその旨を通知しなければならない（385条）。

第8節　抵当権の処分

1　転抵当

(1)　転抵当とは

　転抵当とはどのようなことをいうのだろうか。例えば，債務者AがBに負っている3,000万円の債務の担保として，Aの所有する建物に抵当権を設定したとする。Bは事業資金の融資をCから受けるために，その抵当権をCに対する1,000万円の債務の担保に供することができる。このように，抵当権者（ここではB）が，抵当権を他の債権のための担保とすることを**転抵当**という（376条1項前段）。

抵当権が実行されると，建物の競落代金が3,500万円であるとして，まずCに1,000万円が配当され，Bに2,000万円（BのAに対する被担保債権3,000万円－Cへの配当1,000万円）が配当され，残り500万円については債権者平等となる。

転抵当は原抵当権者（B）と転抵当権者（C）との**転抵当権設定契約**により行われる。

解釈上，転抵当権の被担保債権額が原抵当権の被担保債権額を超過しないことが転抵当権の要件の1つと説明されることがある。原抵当権者が把握した担保価値以上のものを転抵当権者に付与することはできないという発想からである。しかし，転抵当権者の被担保債権額が原抵当権者の被担保債権を超過する場合でも，転抵当権者は原抵当権の被担保債権額の範囲内でのみ優先弁済を受けられるとすれば十分であるので，現在では，これは要件ではないと考えられている。

(2) 法的性質

転抵当の法的性質については議論がある。転抵当とは，抵当権を被担保債権から切り離して担保とするものであるとする説がある（**単独処分説**）。この立場にも，抵当目的不動産に再度抵当権を設定するものと構成する説と，抵当権に質権（一種の権利質）を設定するものと構成する説とがある。

他方で，被担保債権と抵当権とに質権を設定するものと構成する説がある（**共同質入説**）。共同質入説によれば転抵当権者は原抵当権の被担保債権の債務者から直接の取立てをすることが可能である。

(3) 対抗要件

転抵当の第三者対抗要件は登記（原抵当権登記への**付記登記**）である（177条）。なお，転抵当権の設定を受けた者が複数いる場合には優劣は転抵当権の設定登記の先後により決される（376条2項）。

⑷ 原抵当権の被担保債権の債務者などへの対抗要件

転抵当権者（C）としては，原抵当権の被担保債権の債務者（A），保証人，抵当権設定者およびこれらの者の承継人（第三債務者）が原抵当権者（B）に弁済してしまい，原抵当権が消滅してしまうといった事態は避けたい。そのために転抵当権者（C）はこれらの者に対する対抗要件を備える必要がある。転抵当権の設定は，原抵当権者から原抵当権の被担保債権の債務者への**通知**，または原抵当権の被担保債権の債務者の**承諾**がなければ対抗できない（377条1項・467条1項）。このような通知・承諾がなされると，債務者（A）らが原抵当権者（B）に弁済しても，その弁済が有効だと転抵当権者に対して主張することができない（377条2項）。

⑸ 転抵当の実行

転抵当権者（C）は原抵当権の被担保債権の範囲内で原抵当権者（B）に優先して債権の回収を行うことができる。転抵当権を実行するためには，転抵当権と原抵当権の実行の要件をともに満たしていること（転抵当権と原抵当権の被担保債権の弁済期がともに到来していること）が必要である。BもAも履行遅滞をしなければ抵当権を実行されない利益を有しているからである。

⑹ 原抵当権の実行

転抵当が設定された場合でも，原抵当権者も原抵当権を実行することができるだろうか。転抵当権の被担保債権額が原抵当権の被担保債権額より小さい場合においては，原抵当権者も抵当権の実行ができる（大決昭7・8・29民集11巻1729頁）。学説には抵当権の不可分性を理由にその実行を否定する見解もある。なお，そもそも原抵当権者に配当が回る可能性が無い場合には民事執行法上競売の申立てができない。

2 抵当権の譲渡・放棄，抵当権の順位の譲渡・放棄

抵当権の処分には転抵当以外に，抵当権の譲渡・放棄，および抵当権の順位の譲渡・放棄がある（376条1項後段）。これらは，抵当権者が債務者の新たな融資者に有利な条件を与えることにより，債務者の資金調達を支援するために行われる。それぞれの意義・内容を見ていこう。

抵当権の譲渡とは，抵当権者から無担保債権者（一般債権者）に対して，優先弁済権を譲渡し，その限度で自らは無担保権者となることをいう（376条1項後段）。

抵当権を譲渡した者に優先弁済されるはずであった額が，抵当権の譲渡を受けた無担保権者に配当され，抵当権者は譲受人の有する債権額の限度で無担保債権者となる。譲渡の当事者以外の者への影響は生じない。

抵当権の放棄とは，無担保債権者のために，抵当権者が優先弁済権を放棄し，抵当権者が優先弁済を受ける額を，抵当権者と無担保債権者の債権額に応じて按分することをいう。すなわち，放棄した抵当権者と放棄の利益を受ける無担保債権者で優先弁済の利益を同順位で分け合うことになる。放棄の当事者以外の者への影響は生じない。ここでいう抵当権の放棄は，特定の無担保債権者の利益のために行われるものであり（相対的放棄），一般的な抵当権の放棄（絶対的放棄）とは異なる（絶対的放棄については本章**第11節**を参照）。

抵当権の順位の譲渡とは，先順位抵当権者と後順位抵当権者の順位を逆転させることをいう。順位の譲渡の当事者以外の者への影響は生じない。

抵当権の順位の放棄とは，先順位抵当権者が後順位抵当権者に優先弁済の利益を放棄し，両者の債権額に応じて按分することをいう。順位の放棄の当事者以外の者への影響は生じない。

第9節　共同抵当

1　共同抵当の意義

　共同抵当とは，同一の債権の担保として数個の不動産の上に抵当権を設定することをいう（392条1項）。

　例えば，AのBに対する5,000万円の債権を担保するために，B所有の甲土地（4,000万円相当の価値）と乙土地（2,000万円相当の価値）に抵当権が設定される場合である。個々の不動産の価値が被担保債権額に満たない場合であっても，それらを共同抵当の目的とすることによって，被担保債権を満足させることができる。また，共同抵当によって，抵当不動産価格の下落の危険を分散させつつ，後順位抵当権者間の公平を図ることができる。

　共同抵当の場合，債務者の債務不履行があると，共同抵当権者は複数の不動産を同時に競売にかけて配当を受けることもできるし（**同時配当**），ある不動産だけを競売にかけて配当を受けることもできる（**異時配当**）。

2　同時配当（392条1項）

　共同抵当の目的物を同時に競売にかけて代価を配当するとき（同時配当）は，各不動産の価額に応じて債権の負担を按分する（392条1項）。

　例えば，債権者Aに対する5,000万円の債務を担保するために，債務者Bが所有する甲土地（6,000万円相当）と乙土地（4,000万円相当）について抵当権を設定したとする。

　同時配当によれば，Aの債権額5,000万円を甲，乙の価額比である3：2に分けて，Aは甲から3,000万円，乙から2,000万円の弁済を受ける。この例で3：2に分けたように，不動産の価額に応じて債権の負担を按分する考え方を**割付主義**という。

仮にこのような割付けが行われないとするとどうなるだろうか。例えば，甲につき後順位抵当権者Cが（Bに対する債権5,000万円），乙につき後順位抵当権者Dが（Bに対する債権5,000万円）がいたとして，392条1項に反して割付けがないものとして，甲土地・乙土地の抵当権が同時に実行され，Aが甲の競売代価からのみ配当を受けた場合（①），またはAが乙の競売代価からのみ配当を受けた場合（②）とを検討する。

①の場合，Aが甲の競売代価から5,000万円の配当を受けると，Cは1,000万円（甲の競売代価6,000万円－Aへの配当5,000万円）しか配当を受けられないが（Dは乙から4,000万円の配当を受ける），②の場合だと，Cは甲の競売代価から5,000万円の配当を受けられる（Aは乙の競売代価の4,000万円から4,000万円の配当を受け，Dは配当を受けられない。甲の競売代価6,000万円から，Aは未回収分の1,000万円の配当を受けられるので，Cに回る分は5,000万円）。

以上のように，割付けが行われないとするとAが甲，乙どちらの競売代価から配当を先に受けたのかによって，後順位抵当権者C，Dの置かれる立場が大きく変わってしまうことになるが，それは不合理である。そのため民法は391条1項で割付主義を採用し，後順位抵当権者間の公平を図っているのである。391条1項により，Cは甲から，3,000万円，Dは乙から2,000万円の配当を受ける。

3　異時配当（392条2項）

(1)　異時配当とは

先順位の共同抵当権者が，一部の不動産のみを競売にかけ配当を受ける場合は（**異時配当**），その代価から債権の全部の弁済を受けることができる。この場合において，後順位抵当権者は，その弁済を受ける先順位の共同抵当権者が同時配当の場合に，他の不動産の代価から弁済を受けることができる金額を限度として，その抵当権者に代位して抵当権を行使することができる（392条2項）。

例えば，AのBに対する5,000万円の債権の担保のために，Bが所有する甲土地（6,000万円相当）と乙土地（4,000万円相当）について抵当権が設定されたとする。そして，甲につき後順位抵当権者Cが（Bに対する債権5,000万円），乙につき後順位抵当権者Dが（Bに対する債権5,000万円）がいたとする。Aは，甲の抵当権を実行して，5,000万円全額の配当を受けることができる。それでは，後順位抵当権者Cは1,000万円（甲の競売代価6,000万円－Aへの配当5,000万円）しか配当を受けられないのだろうか。もし同時配当だったらCへの配当は3,000万円であったはずである。そこで，392条2項後段が規定する<u>後順位抵当権者による先順位抵当権者への代位</u>の出番となる。すなわち，Cは同時配当のケースであれば乙に割り付けられた2,000万円分について，乙に係るAの抵当権を代位行使することができる（392条2項後段）。つまり，この場合，Cは乙に係るAの1番抵当権を取得し，結局，Cは3,000万円の配当を受けることができる（甲から1,000万円＋乙から2,000万円）。

(2)　物上保証人と債務者所有の不動産上の後順位抵当権者との関係

　先順位共同抵当権（抵当権者A）の目的不動産の一方が物上保証人所有の不動産（甲）であり，他方が債務者所有の不動産（乙）である場合において，乙に抵当権を有する後順位抵当権者がいるとする。甲が抵当権の実行により競売されるとどうなるだろうか。

　甲不動産上の抵当権の実行により，物上保証人の弁済による代位（499条・501条1項）が生じ，物上保証人はAの抵当権を取得する。他方で，392条2項後段により，乙不動産上の後順位抵当権者による代位が生じるのかが問題となる。

　判例は，債務者所有不動産と物上保証人不動産とが共同抵当権の目的となっている場合に392条2項後段は適用されないとする（大判昭4・1・30新聞2945号12頁，最判昭44・7・3民集23巻8号1297頁）。もしこの場合に392条2項後段の代位が生じるとすれば物上保証人の代位の期待を害するからである。

⑶ 一方が物上保証人所有の場合のその不動産上の後順位抵当権者

先順位共同抵当権（抵当権者A）の目的不動産の一方が物上保証人（C）所有の不動産（甲）であり，他方が債務者（B）所有の不動産（乙）である場合において，さらに甲不動産に対して抵当権を有する後順位抵当権者（D）がいるとする。甲不動産が抵当権の実行により競売されるとどうなるだろうか。

①Aの甲不動産上の抵当権が実行されると，物上保証人（C）は弁済による代位によりAの抵当権を代位取得するが（499条・501条1項），甲不動産上の後順位抵当権者（D）は弁済を受けられるだろうか。また，②後順位抵当権者（D）が弁済を受けられるとして，そのための法律構成はどのように考えればよいだろうか。

最高裁は，物上保証人（C）は債務者に対して求償権を取得し，また，弁済による代位によりAの有していた債務者（B）所有の不動産に対する1番抵当権を取得するところ，後順位抵当権者（D）は物上保証人（C）に移転した右抵当権から優先して弁済を受けることができるとした（最判昭53・7・4民集32巻5号785頁）。物上保証人は自ら設定した抵当権について責任を負うべきであり，後順位抵当権者（D）が物上保証人（C）に優先するのは当然であるという理屈である。

そして，その法律構成について同判決は，392条2項後段が後順位抵当権者の保護を図った趣旨に鑑み，物上保証人に移転した1番抵当権は後順位抵当権者の被担保債権を担保するものとなり，後順位抵当権者は，あたかも，1番抵当権の上に372条，304条1項の規定により物上代位をするのと同様に，その順位に従い，物上保証人の取得した1番抵当権から優先弁済を受けることができるとした（大判昭11・12・9民集15巻2172頁を引用）。後順位抵当権者はこのような物上代位的な構成により1番抵当権から優先弁済を受けられるものとした（**図2**参照）。

⑷ すべて物上保証人所有の不動産の場合と392条2項後段

先順位共同抵当権（抵当権者A）の目的不動産（甲・乙）の双方が同一の

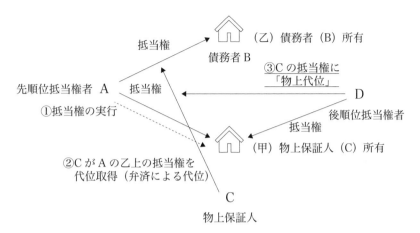

（乙）債務者（B）所有

先順位抵当権者　A

①抵当権の実行

②CがAの乙上の抵当権を
　代位取得（弁済による代位）

抵当権

抵当権

③Cの抵当権に
　「物上代位」

D

後順位抵当権者

抵当権

（甲）物上保証人（C）所有

C

物上保証人

図2　最判昭53・7・4民集32巻5号785頁

物上保証人所有であり，乙不動産に対して抵当権を有する後順位抵当権者がいるとする。乙が抵当権の実行により競売されるとどうなるだろうか。

　判例は，392条2項後段による後順位抵当権者の代位が生じるとした。その理由として，①後順位抵当権者の割付けへの期待を保護するべきこと，②物上保証人の自己所有の不動産への弁済による代位が生じる余地はないこと，③後順位抵当権者に代位を認めても物上保証人に不測の不利益は生じないことを挙げた（最判平4・11・6民集46巻8号2625頁）。

(5)　共同抵当権の一部放棄と後順位抵当権者の代位の期待の保護

　先順位共同抵当権者AはBに対する1,000万円の被担保債権の担保のために，B所有の甲不動産（1,200万円の価値）と乙不動産（800万円の価値）につき抵当権の設定を受けた。また，甲不動産上に抵当権を有する後順位抵当権者Cがいる（被担保債権800万円）。Aは乙不動産上の抵当権を放棄（絶対的放棄）した。これにより，甲不動産上の抵当権が実行された場合，Cの392条2項後段による代位の対象となる抵当権が存在しなくなり，Cの代位権を失わせる結果となる。Cをどのように保護すればよいだろうか。

判例は，392条と504条の法意の類推を根拠として，Ａの抵当権の放棄が無ければ，Ｃが乙不動産上の抵当権に代位できた限度において，甲につき，ＡはＣに優先権を行使できないとする（大判昭11・7・14民集15巻1409頁）。具体的な計算は次のようになる。Ａによる抵当権の放棄が無ければ，ＣはＡの乙不動産上の抵当権に400万円の限度で代位できたはずである。判例によればＡは甲につき400万円の限度でＣに優先できないから，甲からの配当は，Ａは600万円（1,000万円－Ｃに優先できない400万円），Ｃも600万円となる（放棄が無くても元々Ｃが配当を受けられた分である200万円と，今回優先される400万円の合計）。

第10節　抵当不動産と用益関係

1　抵当不動産と用益関係の原則

　ＢはＡに対する債務の担保として，Ｂ所有の甲土地に抵当権を設定した。甲土地には，Ｂから甲土地を賃借して建物を建てて住んでいる賃借人Ｃがいる。Ｂが債務不履行となり，甲土地の抵当権が実行後された後においても，Ｃは建物に住み続けることができるのだろうか。177条によると以下の結論が導かれる。

　まず，Ｃが土地賃借権の対抗要件（605条，借地借家法10条1項）を備えた後に，抵当権の登記がされたケースでは，Ｃの賃借権は抵当権に対抗できる。抵当権が実行され，買受人に競落されても，Ｃはそのことを買受人に対抗できる。買受人は土地賃借権の負担付の所有権を取得するに過ぎない。

　これに対して土地賃借権の対抗要件具備よりも先に抵当権の登記がなされた場合には，土地賃借権は抵当権に対抗できない。抵当権が実行されると，買受人は賃借権の負担の無い土地の所有権を取得する。買受人がＣに建物を収去して土地を明け渡すように請求すれば，Ｃはこれに応じなければならない。

以上については，抵当目的不動産が建物であり，Cが建物の賃借人である場合も同様の結果となり（建物賃借権の対抗要件は，605条，借地借家法31条1項），Cが抵当権に対抗できない場合には建物を明け渡さなければならない。

2 建物明渡猶予制度

以上のように，原則として抵当権に対抗できない用益関係は抵当権者や買受人に対抗することができない。しかし，抵当不動産の賃借人の立場からすると，抵当権の実行が突如行われ，直ちに条件の近い賃貸物件を見つけなければならないとすれば酷である。そのような賃借人を保護するため，**建物明渡猶予制度**が設けられた。これは，抵当権に対抗できない賃借権に基づいて抵当建物を使用収益する者（抵当建物使用者）の競売に伴う明渡しを6か月猶予するというものである（395条）。これは土地の賃借権には適用されない。

この制度の対象となるのは，抵当建物使用者であって，次の①または②に当てはまる者である。①競売手続の開始前から使用または収益をする者。②強制管理または担保不動産収益執行の管理人が競売手続の開始後にした賃貸借により使用または収益をする者。これらの者は，その建物の競売における買受人の買受けの時から6か月を経過するまでは，その建物を買受人に引き渡すことを要しない（395条1項）。買受人は建物使用者に対して，使用の対価（賃借権が存続しているわけではないので，その性質は賃料ではない）を請求できる。対価について，買受人が抵当建物使用者に対し相当の期間を定めてその1か月分以上の支払いの催告をし，その相当の期間内に履行がない場合には，建物明渡猶予制度は適用されない（同2項）。

3 抵当権者の同意のある賃貸借の対抗力

民法は，抵当権に劣後する賃借権でも，抵当権者の同意により，例外的に抵当権に対抗できる賃借権を認める制度を設けた。すなわち，登記をした賃

貸借は，その登記前に登記をした抵当権を有するすべての者が同意をし，かつ，その同意の登記があるときは，その同意をした抵当権者に対抗することができる（387条1項）。これは，競売後も賃借権を存続させた方が債権回収のためにメリットがあると考えた抵当権者の判断で賃借権に対抗力を認め，賃借人の地位を安定化させる制度である。抵当権者が同意をするには，転抵当権者など，その抵当権を目的とする権利を有する者や，差押債権者や質権者など，抵当権者の同意によって不利益を受けるべき者の承諾を得なければならない（同2項）。

第11節　抵当権の消滅

抵当権が消滅するのはどのような場合であろうか（なお，抵当権の消滅原因として代価弁済と抵当権消滅請求があることは本章**第7節**で述べた）。抵当権は，混同（179条1項），放棄（絶対的放棄）といった物権に共通の消滅原因によって消滅する。例えば，抵当権者が所有者から抵当不動産の譲渡を受けた場合，抵当権者が自身の土地上の抵当権を実行しても意味が無いので抵当権は原則として混同により消滅する（ただし，転抵当が設定されている場合は，抵当権が第三者の目的となっているため，179条2項により例外的に消滅しない）。

また，被担保債権が消滅すると付従性によって抵当権も消滅する。なお，被担保債権の弁済があっても，弁済による代位（499条）が生じる場合には，被担保債権は消滅しないから，抵当権は消滅しない。

民法は以上の他に，396条から398条までに，抵当権の消滅の規定を設けている。

抵当権は，債務者および抵当権設定者に対しては，その担保する債権と同時でなければ，時効によって消滅しない（396条）。被担保債権がまだ存在しているのに，その確保のための手段である抵当権だけが独自に時効消滅するのは適切でないからである。

それでは，後順位抵当権者や第三取得者との関係で抵当権は時効消滅する

のだろうか。396条反対解釈によれば，債務者および抵当権設定者以外の者との関係では，時効消滅すると解される。判例は，第三取得者との関係において抵当権は被担保債権とは独立して20年の消滅時効にかかるとしている（大判昭15・11・26民集19巻2100頁）。

　396条に続く397条は，債務者または抵当権設定者でない者が抵当不動産について取得時効に必要な要件を具備する占有をしたときは，抵当権はこれによって消滅すると規定する。抵当不動産が時効取得された場合，時効取得の性質は原始取得であるから，「きれいな権利」として取得され，その反射的効果として抵当権は消滅する。抵当権の消滅は，397条が無くても当然であるから，397条の意義は，債務者や抵当権設定者が抵当不動産を時効取得しても，抵当権は消滅しないことを定めたことにあると考えられる（通説）。それでは，第三取得者は抵当不動産の時効取得により，抵当権の消滅を主張できるだろうか。第三取得者は抵当権の負担を覚悟して取得した者であるから，物上保証人に準じて，抵当権の消滅を主張できないものと解される（大判昭15・8・12民集19巻1338頁）。なお，最高裁は，第三取得者が抵当権の存在について悪意であった場合でも，162条２項の善意無過失の要件を満たしうると傍論で述べている（最判昭43・12・24民集22巻13号3366頁）。

第12節　根抵当

1　根抵当権とは

　根抵当権とは，一定の範囲に属する，不特定の債権を極度額の限度で担保する抵当権をいう（398条の２第１項）。

　根抵当権はこれまで見てきた通常の抵当権（普通抵当権）とどこが違うのだろうか。普通抵当権の場合は，特定の被担保債権が弁済されれば抵当権も消滅するという性質がある（付従性）。しかし，それでは不都合な場合もある。例えば，ある商品の製造卸売業者と販売店の間で継続的に商品を供給す

る契約から生ずる債権について考えてみると，代金債権は供給ごとに発生し，弁済すれば債権が消滅し，また同類の債権が発生するといったことを繰り返している。そのような債権を担保するために普通抵当権を設定した場合，弁済があれば付従性により抵当権が消滅するので，新たな商品の供給の際に生じた債権のためにまた抵当権を設定し……ということを繰り返すのはあまりにも煩雑である。そこで，一定の範囲に属する不特定の債権を**極度額**（担保する限度額）の限度で担保するという方法が考案された。これが根抵当権である。根抵当権は明治時代から判例で認められていたが，1971年の民法改正によって明文化された。

2　根抵当権の設定

　根抵当権は，根抵当権設定者（債務者，物上保証人）と債権者との間の根抵当権設定契約により設定される。第三者対抗要件は登記である。根抵当権の設定契約においては，被担保債権の範囲と極度額を定める必要がある（398条の2第1項）。

3　根抵当権の性質

　根抵当権は，一定の範囲に属する，不特定の債権を担保するものであるが，不特定の債権のままでは根抵当権者がいくらについて優先弁済を受けられるのか判断できない。根抵当権者が優先弁済を受けるためには，根抵当権によって確保されるべき被担保債権が具体的に確定されていなければならない。そのことを，**元本の確定**（根抵当権の確定）という。

　元本の確定は，①一定の事由（確定事由）の発生（398条の20），②債務者または根抵当権者による確定請求（398条の19），③合意による確定期日の到来（398条の6）により生じる。元本の確定によって，根抵当権の担保すべき元本債権が特定される。元本の確定後は新しく担保するべき債権が付け加わ

ることはない。なお，利息や損害金は配当の時まで変動し，極度額の範囲で担保される。

　元本が確定する前の根抵当権には付従性が無い。根抵当権の被担保債権の範囲に属する債権が弁済などにより消滅しても，根抵当権は消滅しない。

　元本が確定する前の根抵当権には随伴性が無い。元本の確定前に債権者（根抵当権者）が，債権を譲渡した場合，その債権は根抵当権により担保されない。元本の確定により，担保されることが確定した債権については，随伴性が認められる。

4　被担保債権の範囲

　当事者間に生じる一切の債権を担保するという包括根抵当権は認められていない。根抵当権の被担保債権は「一定の範囲に属する」ものでなければならない（398条の2第1項）。そして，さらに以下の4つの場合に限定されている（①・②は債務者との取引関係から生ずる債権，③・④は債務者との取引関係外から生ずる債務者に対する債権）。

　①債務者との特定の継続的取引契約によって生ずる債権（398条の2第2項）。例えば，継続的に物品を供給する契約等，具体的な継続的取引から生ずる債権である。②「債務者との一定の種類の取引によって生ずるもの」（同条同項）。これは，取引の種類を抽象的に限定する場合である。例えば，銀行取引，当座貸越取引，保証委託取引などである。③「特定の原因に基づいて債務者との間に継続して生ずる債権」（398条の2第3項）。例えば，継続して生じる工場の騒音についての周辺住民への損害賠償請求権である。④「手形上若しくは小切手上の請求権又は電子記録債権」（398条の2第3項）。例えば，債務者が振り出した手形が転々流通した後に債権者が取得した場合の請求権である。

5　極度額

　上述のように被担保債権の範囲は限定されるが，そのすべてが根抵当権により担保されるのではない。根抵当権者は，被担保債権の**極度額**を限度として，優先弁済を受けることができる。極度額は根抵当権設定契約で定められる（398条の2第1項）。

　極度額により，後順位抵当権者としては，極度額を限度として先順位の根抵当権者に配当されてしまうことを覚悟しておけばよい（余剰価値の予測ができる）。根抵当権は極度額を限度として行使できる（398条の3第1項）。普通抵当権のような「最後の2年分」(375条) という制限はない。

6　元本の確定

　根抵当権の被担保債権の範囲に属する債権は，将来，優先弁済を受けることができる債権の候補であるに過ぎない。**元本の確定**によって，元本の確定の時点に存在している債権についてこれを被担保債権として，根抵当権者は優先弁済を受けることができる。①一定の事由（確定事由）の発生（398条の20），②債務者ないし根抵当権者の確定請求（398条の19），③合意による確定期日の到来（398条の6）によって被担保債権が確定する。元本の確定以後に生じた債権は担保されない。

7　元本の確定の効果

　元本の確定により，優先弁済額が定まる。元本の確定により，利息・損害金についての「最後の2年分」の制限（375条）が無いことを除いては，普通抵当権と同じになる（なお，根抵当権に特別の制度である極度額減額請求〔398条の21〕，根抵当権消滅請求〔398条の22〕を参照のこと）。

8 根抵当権の被担保債権の範囲および債務者の変更

　元本の確定前においては，根抵当権の担保すべき債権の範囲の変更をすることができる。債務者についても変更が可能である（398条の4第1項）。これらの変更をするには，後順位抵当権者その他の第三者の承諾を得ることを要しない（398条の4第2項）。被担保債権の額は極度額によって限界づけられるため，第三者に不測の不利益は生じないからである。これらの変更については，元本の確定前に登記をしなかったときは，その変更をしなかったものとみなされる（登記は効力要件）（398条の4第3項）。

9 根抵当権の極度額の変更

　利害関係を有する者の承諾を得なければ，根抵当権の極度額の変更をすることができない（398条の5）。

10 根抵当権の処分

　元本の確定前においては，根抵当権者は，376条1項の規定による根抵当権の処分をすることができないが，その根抵当権を他の債権の担保とすること（転抵当）はその例外とされている（398条の11第1項）。

第10章　質権

基 本 事 項

第 1 節　質権の意義と性質

1　意義

　Ｙがｘから10万円を借り受ける際に，Ｙの有する腕時計（10万円相当）をｘに預けておく。もしＹが10万円を弁済できればｘは預かっていた腕時計を返還し，弁済できなければｘはＹの腕時計を換価してそこから弁済を受ける。このような担保手段を実現するための担保物権が**質権**である（342条）。

質権の目的物を**質物**といい，質物を担保に供することを**質入れ**という。上記例では債権者であるＸを**質権者**といい，債務者であり腕時計を質物として引き渡すＹを**質権設定者**という。抵当権の場合と同様，第三者による**物上保証**も可能である（同条）。質権は（民法上の）抵当権と違い動産も目的とすることができるほか，債権などの権利もその対象とすることができる。したがって担保目的物の範囲が広いため利用価値が高いようにも思えるが，質権の設定が要物契約によること（344条）や，債権者本人による**占有**が必要であること（345条）から，担保目的物を債務者が引き続き利用することができないという問題がある。そのため，権利を目的とする権利質は別として動産を対象とする動産質や不動産を対象とする不動産質はあまり利用されない。

2　性質

質権は抵当権と同様，担保物権として**付従性，随伴性，不可分性**（350条による296条の準用），そして**物上代位性**（350条による304条の準用）が認められている。これらの担保物権の性質については本書**第8章**を参照してほしい。

第2節　質権の設定と効力

1　設定

質権は抵当権と同じく**約定担保物権**であり，当事者の**設定行為**（契約）によって成立するが，この設定行為は**要物契約**である（344条）。そのため，債権者である質権者と債務者である質権設定者との間で質権設定の合意があっただけではまだ契約は成立せず，質権の目的物である質物が質権者に実際に引き渡されて初めて質権が設定される点に注意が必要となる（**図1**）。そしてこの性質のため，譲渡できないものは質権の目的とならない（343条）。登記した船舶（商法849条）や譲渡性の無い権利（例えば扶養請求権。881条）な

図1　質権の設定

どがその例である。債権などを質権の目的にする場合には，証書に化体していれば民法の有価証券の規定に従って質権を設定する。具体的には指図証券の場合には裏書と交付（520条の7による520条の2および520条の3の準用），記名式所持人払証券の場合には証券の交付（520条の17による520条の13の準用）が必要となる。無記名証券の場合には，記名式所持人払証券の場合と同じく，証券の交付によって質権が設定される（520条の20による520条の13の準用）。有価証券になっていない債権の場合には，証券がそもそも存在しないため合意のみによって質権（権利質）が設定される。

　また，質権設定行為は要物契約であるため合意のほかに質物の引渡しが必要となるが，質物の代理占有が禁止されることから（345条）占有改定による引渡し（183条）は認められない。質権者（債権者）本人による質物の占有が質権の成立に必要となる。このように質権に関しては質権者が質物を占有することが求められているが，質権者が質物を質権設定者に任意に返還した場合はどうであろうか。かつては判例も含め，質権者が質権設定者に質物を任意に返還したとしても質権そのものが消滅するわけではないとされていた（大判大5・12・25民録22輯2509頁）。しかし，占有改定による引渡しの禁止の本質が留置的効力（本章**第2節2**(2)参照）にあることから，質権者が任意に質物を質権設定者に返還する場合には質権を消滅させてよいとする意見もある。

2　効力

(1)　被担保債権の範囲

　質権の被担保債権は，設定行為に別段の定めがある場合を除き，元本，利息，違約金，質権実行の費用，質物保存の費用，債務の不履行または質物の隠れた瑕疵によって生じた損害の賠償である（346条）。抵当権の被担保債権の範囲（375条）と比べると広くなっているが，これは質権の性質による。質権は質権者による占有が効力発生要件であるため，抵当権とは異なって後順位の質権者が生じる余地がほぼ無いからであるとされている。

(2)　留置的効力

　質権によって質権者は債権の弁済まで質物を留置することができる（347条本文）。留置権と同様の効力であり，質権設定者に自発的な弁済を促すことができる。ただし，先順位の質権者（355条）がいる場合や優先する先取特権者（334条）など優先権を有する者がいる場合，留置的効力をこれらの者に対抗できない（347条ただし書）。

(3)　優先弁済権

　留置的効力を有する点で質権は留置権と同様であるが，留置権と異なり**優先弁済権**を有する。質権者は債務の弁済が得られない場合，競売（民事執行法190条）や配当要求（同133条）を通じて優先弁済を受けることができる。具体的な方法は動産質，不動産質，権利質で異なってくるので該当する個所で述べる。

　質権の設定行為において，質権設定者から弁済が無い場合に質権者は質物の所有権を取得するという合意や，法律の定める手続きによらずに質物を処分できるという合意の効力は否定される（349条）。こうした合意を**流質**（あるいは**質流れ**）というが，これが禁止されている理由は，債務者の窮迫状態に付け込んで，債権額よりもはるかに大きい価値を持つものを質物とし，か

つこれによって債権額を上回る価値を取得するというような一種の暴利行為を防止することにある。ただし流質が禁止されるのは弁済期の前であり，弁済期の到来後なお債務が履行されていない段階においては，当事者の合意によって流質とすることは許される（349条にも弁済期前の段階で禁止される旨が明記されている）。また被担保債権が商行為によって生じた場合，流質の合意が許される（商法515条）。さらに質屋の営業においては質屋営業法によって流質が認められている（質屋営業法1条や同18条1項を参照）。

3　転質

(1)　意義

　転質とは，質物を留置している質権者が，自身の債務の担保のために質物をさらに質入れすることを指す（348条）。例えばXに対してYが20万円の債権を有していたところ，Xとの間でX所有の20万円の腕時計を質物とする質権設定行為がなされ，質物がYに引き渡されたとする。このときYに対して10万円の債権を有するZとYとの間で，Yが質物として占有しているX所有の腕時計を質物としてZに引き渡す，ということである（**図2**を参照）。このときX，Y，Zという転質に関わる当事者について，Xを**原質権設定者**，Yを**原質権者**および**転質権設定者**，Zを**転質権者**と呼ぶ。転質は質権者の古くからの重要な金融手段である。

(2)　原質権者の承諾の要否

　348条によれば質権者は「自己の責任で」質物について転質をすることができるが，350条により準用される留置権の規定である298条2項との関係が問題となる。298条2項が準用されることで，債権者（原質権者・転質権設定者）は債務者（原質権設定者）の承諾を得なければ質物を担保に供することができないことになるが，果たして転質は自己の責任で，原質権設定者の承諾無くできるのであろうか。この点判例は，原質権設定者の承諾があれば当

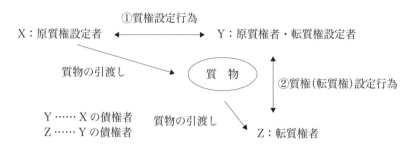

①質権設定行為

X：原質権設定者 ←――――――→ Y：原質権者・転質権設定者

質物の引渡し　　質　物　②質権(転質権)設定行為

Y……Xの債権者　質物の引渡し
Z……Yの債権者　　　　　　　　Z：転質権者

図2　転質における当事者の関係

然に転質が可能であるが，承諾が無くとも原質権者は転質をすることができるとした（大判大14・7・14刑集4巻484頁）。原質権設定者の承諾のある転質を**承諾転質**，承諾の無い転質を**責任転質**という。承諾転質の内容等については承諾，つまり合意の内容により定まる。問題は責任転質の要件や効果である。

(3)　**責任転質の要件**

　転質も質権設定行為によるので，成立要件も原質権者＝転質権設定者が転質権者に質物を引き渡すことである。このとき転質権の被担保債権額が（原）質権の被担保債権額を上回っていても問題は無い。上記の例において，原質権者（転質権設定者）Yの原質権設定者Xに対する被担保債権が10万円で，転質権者ZのYに対する被担保債権が20万円という場合でも，YはXから預かっている質物を転質としてZに質入れすることができる。ただしこのときZが優先弁済を受けられるのは，YがXに有している被担保債権額である10万円に限られるとされる。

　なお，転質は質権の存続期間内になされる必要がある（348条前段）。ただし質権の存続期間が問題となるのは不動産質（360条）であるため，この規定も基本的には不動産質に関連することになる。

(4) 責任転質の効果

転質権の被担保債権（ZのYに対する債権）と原質権の被担保債権（YのXに対する債権）の双方の弁済期が到来してなお転質権の被担保債権の弁済が無い場合，転質権者Zは転質権を実行できる。原質権の被担保債権の弁済期が先に到来する場合には366条3項を類推して転質権者Zは原質権設定者Xに供託を求めることができるとされている。なお，学説によっては転質は転質権設定者Yの持つ原質権設定者Xに対する債権もともに質入れしていると理解し，転質の実行に際しては366条1項により転質権者Zは原質権設定者Xに対し，YがXに有している債権を取り立てることができるとするものもある。

348条後段により，原質権者（転質権設定者）Yは不可抗力によるものであっても転質による損失が生じた場合には責任を負うことになる。また転質後，YがXに対して原質権を実行することや債務を免除することによって原質権を消滅させることはできないとされる。しかし原質権設定者Xの側からは，転質権設定に関する通知がない場合やXから転質の承諾をしない限り，原質権者Yに対する弁済をZに対抗できるとされている（364条，377条の類推）。

第3節　動産質

1　設定

動産質は，動産の質入れである。動産質の設定も要物契約である設定行為によるが，対抗要件は占有の継続となっている（352条）。質権者が質物の占有を第三者によって奪われる場合には対抗要件も失うため，質物の占有を回復するには占有回収の訴え（200条）による（353条）。ただし債務者あるいは物上保証人たる質権設定者は第三者ではなく当事者に当たるので，これらの者に対しては占有の継続が失われても質権に基づく主張が可能である。また，

判例によれば質権者が質権設定後に任意に質物を質権設定者に返還した場合でも，質権が当然に消滅するわけではないことはすでに述べた。ただし動産質の場合には第三者への対抗要件が目的物の占有（178条）であり，質権の場合には代理占有は認められないので，質物を質権設定者に返還する場合には質権者は第三者に質権を対抗できなくなる（前掲大判大 5・12・25）。

【コラム：動産質の占有を「奪われた」とはいえない場合は？】

　353条の要件は占有侵奪である。この要件は本書**第 7 章**で扱った占有回収の訴えの要件と同じである。つまり質権者が占有をその意によらずに奪われるということが求められている。ただそうすると，詐欺によって質権者が第三者に質物を引き渡したというように任意で手放している場合や，質物を遺失したところ第三者がたまたまその遺失した質物を占有しているという場合のように占有を奪われたというわけではない場合，占有侵奪には該当しないとも考えられる。したがってこれらの場合には353条，そして200条を用いて占有回収の訴えを提起できないという問題がある。こうした場合に質権者の法的保護が不十分であるとの批判もある。

2　効力

　動産質の効力は質物の**従物**に及ぶほか（87条 2 項），**果実**にも及ぶ（350条による297条の準用）。動産質の場合，**簡易の弁済充当**が認められている（354条）。質権者が弁済を受けない場合には，正当な理由がある場合に限ってあらかじめ債務者に通知をしたうえで，鑑定人の評価に従い質物を直ちに弁済に充てることを裁判所に請求できる。動産質の場合，動産であるがゆえに質物の担保価値がたいていはあまり高くないことから，質権実行の際の費用の方がむしろ高くなってしまうなどの問題に対応するための規定とされる。

　350条により準用される298条のため，質権者は預かっている質物を**善良な管理者の注意**をもって保管しなければならず（298条 1 項），質権設定者の承

諾がなければ目的物の使用や賃貸をすることができない（同2項。ただし転質については別である）。同一の動産について複数の債権を担保するために数個の質権が設定された場合，その順位は設定の前後による（355条）。

3　消滅

動産質の消滅原因としては，質物保管義務違反に基づく質権消滅請求（350条による298条3項の準用）などがある。質権者が任意に質物を質権設定者に返還しても質権は消滅しないとされるが（判例として前掲大判大5・12・25），質権はこの場合には消滅するべきとの学説もある。

第4節　不動産質

1　設定

不動産を質物とする質権が，**不動産質**である。不動産質も引渡しが効力発生要件であるが（344条），不動産に関する物権の設定であるため第三者への対抗要件は登記となる（177条）。また動産質と異なって占有の継続が対抗要件ではないので，不動産質の占有を失っても登記があれば第三者にも対抗できる。そのため不動産質の設定後に質権者が質物である不動産を質権設定者に任意に返還したとしても質権が消滅しないばかりか，対抗要件にも影響しない（前掲大判大5・12・25）。なお，不動産質の存続期間は10年に限定されており，10年を超える存続期間の合意があっても10年に縮減される（360条1項）。更新は可能である（同2項本文）が，更新による存続期間も10年を超えることができない（同ただし書）。

2 効力

　基本的には動産質や質権一般の効力と同様であるが，抵当権規定の準用があることに注意する必要がある（361条）。そのため以下の記述のほか，本書**第 9 章**も参照してほしい。

　被担保債権の範囲は346条によるが，対抗要件が登記であるため債権額については登記をしなければ第三者に対抗できない（不動産登記法83条 1 項 1 号）。不動産質の効力の及ぶ範囲については抵当権の規定が準用される（361条による370条の準用）。ただし不動産質権者は質物である不動産の使用および収益をすることができるので（356条），債務者の債務不履行が無くても果実を収取できる（つまり371条は準用されない）。一方で不動産質権者は不動産を使用収益できる代わりに管理費用やその他不動産に関する費用を負担する必要がある点に注意を要する（357条）。なお被担保債権の利息も請求できない（358条）。356条ないし358条の規定は任意規定であるため，設定行為で異なる合意をすることもでき，また担保不動産収益執行があった場合は適用されない（359条）。

　優先弁済権や流質の禁止等についても質権一般と同様である。不動産質の実行に関しては，競売手続によるのみならず，**担保不動産収益執行**も可能である（民事執行法180条 2 号）。担保不動産収益執行とは，不動産を賃貸しその賃料を弁済に充てる方法である。

3 消滅

　不動産質の消滅原因は，存続期間の満了や抵当権規定の準用による代価弁済（378条），抵当権（質権）消滅請求（379条）などがある。これらについて詳しくは本書**第 9 章**を参照してほしい。

第5節　権利質

1　設定

　権利質は債権，株式，無体財産権などを対象とする質権である（362条1項）。およそ権利が対象となるのでどのような権利を質権の対象とするかによって成立要件等に違いがあるが，ここでは**債権質**を中心に扱う。

　債権質は，質権設定者がその債務者（第三債務者）に対して有している債権（目的債権）を，質権者が質権設定者に対して有する債権（被担保債権）の担保に供するための質権である（**図3**）。債権質の目的となる債権は譲渡可能な債権に限られる（**第2節1**も参照）。譲渡禁止特約のある債権でも質権の目的とすることができるが（466条2項），第三債務者は質権者が譲渡禁止特約について知っている，あるいは同特約を重大な過失によって知らない場合には履行を拒絶でき，また質権設定者に対する弁済などを対抗できる（同3項）。債権質の設定も設定行為（契約）によるが，有価証券の無い指名債権については合意のみで成立し，有価証券の場合にはそれぞれの有価証券に関する規定に従って効力や対抗要件が発生することはすでに述べた（**第2節1**）。

　債権質の第三債務者に対する対抗要件は，第三債務者への通知もしくは第三債務者からの承諾である（364条）。第三債務者以外の第三者に対する対抗要件は，確定日付のある証書による通知または承諾である（364条による467条2項の適用）。

2　効力

　債権質については質権に関する総則規定，動産質および不動産質の規定が準用される（362条2項）。362条2項を通じて350条により準用される297条

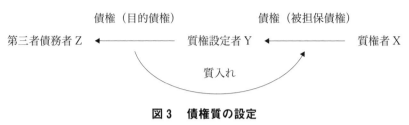

図3 債権質の設定

2項に従い果実についても収取することができるので，質入れされた債権が利息付である場合には，利息を受領して弁済に充てることができる。

　債権質の実行は**債権執行**の手続によるが（民事執行法193条），債権質の質権者は第三債務者から目的債権を直接取り立てることもできる（366条1項）。質権設定者Yが第三債務者Zに対して有している目的債権を，質権者XがYに対して有する債権の担保のために質入れする場合，XはZに対してYがZに有している目的債権を直接取り立てることができる。ただし，取り立てることのできる債権は，金銭債権である場合には債権質の被担保債権の額に限られる（同2項）。先の事例でXのYに対する被担保債権が30万円，YのZに対する目的債権が40万円である場合，XがZから取り立てることのできる金額は30万円に限定される。また，目的債権（YのZに対する債権）の弁済期が被担保債権（XのYに対する債権）の弁済期よりも先に到来する場合，XはZに対して弁済すべき金額を供託させることができ，供託された金銭が質権の対象となる（同3項）。なお，目的債権の対象が金銭ではなく動産などであった場合，質権者は弁済として受け取った動産を質権の対象とすることができる（同4項）。債権質についても流質が禁止される（362条2項による349条の準用）。

　また債権質の優先弁済権の前提として，債権が存続している必要がある。そのため質権設定者は目的債権を取り立てたり，相殺や免除をしたりすることで目的債権を消滅させてはならない（質権設定者による目的債権に関する相殺を無効としたものとして大判大15・3・18民集5巻185頁）。実際にこうした原

因で目的債権が消滅しても，その消滅を質権者には対抗できないとされる。また質権設定者は**担保価値維持義務**を負うとされている（最判平18・12・21民集60巻10号3964頁。詳しくは【発展問題】参照）。

発　展　問　題

> **テーマ　担保価値維持義務**
>
> 　債権質が設定された場合，質権者の優先弁債権を確保するために質権設定者は目的債権を消滅させてはならないばかりか，その担保価値を維持する義務も負う。目的債権の価値が何らかの理由で減少することがあれば，やはりその分被担保債権の弁済が危うくなるからである。かつて最高裁では，質権設定者の行為が担保価値保存義務に違反するかどうかが争われた事例がある。果たして質権設定者のどのような行為が担保価値保存義務違反と判断されるのであろうか。

1　最判平18・12・21（民集60巻10号3964頁）の事案の概要

　テーマで掲げた最高裁の事例は，【基本事項】第5節2の末尾でも少し登場した最判平18・12・21である。この事例ではおおむね以下のような事態が生じた。会社Aが不動産会社Bから複数の建物を賃借し，敷金として約6,050万円を差し入れた。その後A社は敷金返還債権のうち6,000万円につきC銀行など5つの金融機関のために質権を設定した。B社は確定日付ある証書により質入れを承諾した。その後A社について破産手続きが開始し，Yが破産管財人に選任された。Yは破産財団に十分な預金があるにもかかわらず破産手続き開始後の賃料などの一部を支払わず，破産裁判所の許可を得てB社との間で建物の賃貸借契約を合意解除し，かつ未払賃料等について敷金を充当する合意をした。C銀行からA社に対する債権などを譲渡され

たDは，債権回収業者X社に債権回収を委託した。Xは，YとB社の敷金充当の合意は破産管財人の善管注意義務に反し，そのために破産財団が賃料等の支払いを免れてXの有する質権が無価値となり，優先弁済権が侵害されたとして，Yの善管注意義務違反であるとして損害賠償を請求し，または不当利得の返還を求めたという事案である。

簡単にいえば，敷金返還請求権（目的債権）を質入れした質権設定者が，第三債務者が質権設定者に対して有する賃料等の支払債権と，質権設定者が第三債務者に対して有する敷金返還請求権を相殺的処理をしたために目的債権が減少したとして，質権者が提訴したということである。

2 最高裁の判断

原審はXのいずれの主張も認めなかったが，最高裁は質権設定者の**担保価値維持義務**についてこれを一般に認めたうえで，本件の目的債権である敷金返還請求権については，敷金返還請求権が質権の目的とされた場合においては，質権設定者である賃借人が，正当な理由に基づくことなく賃貸人に対して未払債務を生じさせて敷金返還請求権の発生を阻害することは，担保価値維持義務に違反する，とした。そして破産管財人は質権設定者の担保価値維持義務を継承しており，Yが充当合意により敷金返還請求権の発生を阻害したことは正当な理由があるとはいえないとした。

しかし破産管財人の職務上の義務と質権設定者の義務との関係の理解について論じる学説や判例が乏しいことや，破産裁判所の許可があることを理由にYの善管注意義務違反は否定した。しかし破産財団は破産宣告後の賃料支払等の支出を充当合意によって免れ，敷金請求権が消滅したことで質権者が優先弁済を受けることができなくなったから，その限りで破産財団は質権者の損失において利得をしているとして不当利得返還を命じた。

3　判例に対する評価

　この判例に対しては，質権設定者が質権者に対して担保価値維持義務を負うことを一般に認めたという点で意義が認められるとする意見がある。一方で，本件で最高裁が，質権設定者について正当な理由無く目的債権の発生を阻害したと認定したものの，破産裁判所の許可があることなどを理由に善管注意義務違反を否定した点については疑問も提起されている。

第11章　留置権

基　本　事　項

第1節　留置権の意義と性質

1　意義

　留置権とは，他人の物を占有している者がその物に関して生じた債権を有する場合，債権の弁済を受けるまでその物を留置することのできる**法定担保物権**である（295条1項本文）。例えばYの所有する腕時計の修理をXが請け負ったとする。修理後，YがXに対して修理代金を支払わずに時計の返還を請求してきた場合，Xがこれに応じなければならないとするとXは修理代金の回収が困難になるおそれもある。もちろんXはYに対して修理代金支払債権を有しているので，最終的には裁判などを通じて強制的に支払わせ

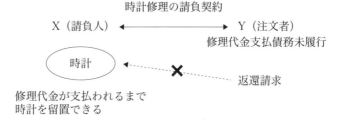

図 1　留置権の概要

ることもできる。しかしそれでもやはり X にとって手間が生じることに違いは無い。そこで民法は留置権という担保物権を認め，Y の修理代金の支払いがあるまで X は Y 所有の腕時計の引渡しを拒絶できるとしている（**図 1**）。留置権を有する債権者を**留置権者**，留置権の対象となる物を**留置物**という。

　留置権は商法においても規定があるところ，商法上の留置権を特に**商事留置権**という（商法521条）。民法の留置権との主な違いは，商事留置権においては債務者の所有し，債権者が占有する物または有価証券についてのみ留置権が生じるという限定があるが，他方で商行為から生じた債権の弁済を受けるまで，留置物の引渡しを拒絶することができるので，占有する物または有価証券に関して生じた債権でなくとも商事留置権を主張できるという点である。民法上の留置権については本章**第 2 節 1**を参照してほしい。

【コラム：留置権と同時履行の抗弁権】

　留置権によく似ている権利として同時履行の抗弁権（533条。詳しくは**民法入門Ⅲ第 2 部第 2 章第 1 節**）がある。同時履行の抗弁権は，双務契約において相手方がその債務の履行の提供をしないままこちらに履行の請求をしてきたとしても，相手方の履行の提供が無いことを理由にこちらの債務の履行を拒絶できる権利である。物の引渡しを拒絶できる留置権と，債務の履行を拒絶できる同時履行の抗弁権は効果の面で似ているが，以下のような違いがある。

　まず留置権は占有する他人の物に関して生じた債権を原因として，その債

権の弁済を受けるまで物の引渡しを拒絶できる権利であるため，他人の物を占有するに至った原因が何であるのかを問わない（ただし不法行為によって占有を始めた場合は除く。295条2項）。他方で同時履行の抗弁権は，双務契約において牽連（けんれん）関係にある債務の履行を拒絶できる権利である。また留置権は物権であるため誰に対しても主張可能であるが，同時履行の抗弁権は債権であるため特定の相手方にしか主張できないという違いもある。

2　性質

留置権は担保物権として，**付従性**，**随伴性**，**不可分性**（296条）を有する。ただし留置権者は優先弁済権を有しないので，物上代位性は無い。これらの性質については担保物権一般の性質と関連するため，詳しくは本書**第8章**を参照してほしい。

第2節　留置権の成立

1　成立

⑴　他人の物を占有していること

法定担保物権である留置権は，295条所定の要件を満たすことで成立する。その1つが他人の物の占有である。債務者の物ではなく他人の物となっているため，占有している物が第三者の所有物であっても，その物に関して生じた債権の債務者が弁済をするまでは，第三者に物を引き渡すことを拒絶できる。このとき第三者が留置権者に対して物の引渡しを求めて訴えを提起する場合，判決内容は債務者から留置権者に弁済をするのと引換えに留置権者が第三者に引渡しをせよと命じる**引換給付判決**となる（最判昭47・11・16民集26巻9号1619頁）。

(2)　占有する他人の物に関して生じた債権を有すること

　この要件は一般に債権と物との牽連関係と呼ばれている。具体的には①物自体から債権が生じる場合と，②物の返還請求権と同一の法律関係または事実関係から債権が生じる場合があるとされる。

i　物自体から債権が生じる場合　　他人の物を預かっていたところその物の瑕疵が原因となって損害が生じた場合の損害賠償請求権や，賃借人が賃借物に対して必要費や有益費を支出した場合の償還請求権である（必要費や有益費の償還請求権に基づく留置権に関して，大判昭10・5・13民集14巻876頁，大判昭14・4・28民集18巻484頁）。借地借家法に基づいて家屋の賃借人に認められる造作買取請求権（借地借家法33条）による代金債権については，賃借人が賃貸人の同意を得て建物に付加した造作物に関する債権であって，建物そのものに関して生じた債権ではないとして留置権の成立が否定されている（最判昭29・1・14民集 8 巻 1 号16頁）。

ii　物の返還請求権と同一の法律関係または事実関係から債権が生じる場合
売買契約に基づいて商品を引き渡す義務を負う売主が買主に対して有している代金支払債権や，本章**第 1 節 1** で挙げた時計修理の請負人が注文者に有している修理代金支払債権がそうである。ただし双務契約の場合には，**同時履行の抗弁権**（533条）を用いることでも債務の履行＝物の引渡しを拒むことができる。

　契約に関しては二重譲渡の場合においても留置権を主張しうるかが問題となる。XがYに対してその所有する甲土地を売買契約に基づいて譲渡して引渡しも済ませたが，登記は移転しないままであった。そうしたところYに引き渡したはずの甲について，XがZと売買契約を締結して登記も移転してしまった。この場合，登記の移転を受けたZがYに対して物権変動を対抗できるので，YはZの甲の明渡請求があればこれに応じる必要がある。ここでXとYの関係においては，YはXに対して売買契約の不履行（土地である甲の所有権引渡債務の履行不能）に基づいて損害賠償を請求できる（415条）。このときYは，Zに対する甲の引渡しについて，Xから損害賠償債務

の履行があるまで拒絶することができるのであろうか。このような場合において留置権の成立は一般に否定されている（判例として最判昭43・11・21民集22巻12号2765頁）。ここでのＹのＸに対する損害賠償請求権は，第三者であるＺが登場したために生じた債権であり，ＸとＹとの法律関係（売買契約）と同一の法律関係から生じた債権ではないからである。また，この損害賠償請求権はＸの債務不履行から生じたものであり，建物そのものから生じているわけではないことも明らかである。

(3) 占有している他人の物に関して生じた債権の弁済期が到来していること

第1節1で挙げた例において，修理代金は修理が終わった1週間後に支払うといった合意（先履行の合意）があった場合，修理完了時にはまだＸのＹに対する修理代金支払債権は弁済期にないので留置権は生じず，Ｙに腕時計を引き渡す必要がある。

(4) 占有が不法行為によって始まったのではないこと

他人の建物を不法に占拠して，そのうえで必要費や有益費を支出したとしても留置権は生じない（ただし占有が認められれば占有に基づく必要費や有益費の償還請求は可能である。196条）。そのためこの場合に不法占拠者が所有者などから返還請求を受ける場合にはこれに応じる必要がある。これと関連して問題となるのが，占有者が占有権原の消滅後も占有を続けていたところ，占有者に占有物に関して債権が生じたという場合である。賃借人が賃貸借契約終了後も賃借物を返還せず，占有を続けていたところ，賃借人が必要費や有益費を支出したとしよう。このとき賃借人の必要費や有益費の償還請求権が，賃借物に関して生じている債権であることを理由にこれらの費用の償還を賃貸人から受けるまで，賃借人は留置権を主張して返還を拒絶できるであろうか。判例は，当初適法に有していた占有権原を失った後，占有するべき権利が無いことを知りながら他人の物を占有し続けることは不法であるから，

295条 2 項の類推適用によって，このような占有者も留置権の行使ができないとした（大判大10・12・23民録27輯2175頁，最判昭46・7・16民集25巻 5 号749頁）。

2　対抗要件

　留置権も物権である以上，ある物について成立した留置権を第三者に主張するためには対抗要件が必要であろうか。留置権の対抗要件に関しては295条以下に規定は無いが，一般に留置権については成立することでもって第三者に対しても主張可能であり，対抗要件を備える必要は無いと考えられている。判例は，留置権が成立したのちに債務者からその目的物を譲り受けた者に対しても債権者がその留置権を主張しうることは，留置権が物権であることに照らして明らかであるとしている（最判昭38・2・19民集21巻 9 号2489頁，前掲最判昭47・11・16）。

第 3 節　留置権の効力

1　留置的効力

　295条にあるように，留置権が成立すると留置権を持つ債権者（留置権者）は，債権の弁済を受けるまで占有する物の引渡しを拒むことができる（**留置的効力**）。すでに述べたように優先弁済権は無いとされているが，留置的効力によって債権の弁済があるまで引渡しを拒絶できるため，事実上の優先弁済機能を備えているといえる。

2　留置権者の権利と義務

(1)　果実収取権

留置権者は，占有している物から生じた果実を収取して，他の債権者に優先して債権の弁済に充てることができる（**果実収取権**。297条）。留置権そのものに優先弁済権は存在しないが，占有している物が果実を生じる場合にはこれを優先的に弁済に充てることができる。ただし法定果実については後述する298条2項に注意する必要がある。

(2)　善良な管理者の注意義務

留置権者は債権の弁済を得られるまで物を占有し続けることになるが，**善良な管理者の注意**による保管が求められている（298条1項）。留置権者が善良なる管理者の注意に違反する場合には，債務者は留置権の消滅を請求できる（同3項）。

(3)　留置物の使用等の権利

留置権者は債務者の承諾が無ければ，留置物を使用，賃貸，あるいは担保に供することができない（298条2項本文）。そのため留置物から生じる賃料などの法定果実を得ようとする場合には債務者の承諾が必要となる。留置権者が債務者の承諾無くこれらのことをした場合，債務者は留置権の消滅を請求できる（同3項）。ただし留置物の保存に必要な使用をすることは債務者の承諾を要しない（同2項ただし書）。賃借人が賃借家屋に関して必要費の支出をしたが，賃貸人から償還を得られないまま賃貸借契約が終了したところ，賃借人が留置権を主張して必要費の償還を受けるまで家屋に居住し続けるという場合が保存に必要な行為に当たるとされる（前掲大判昭10・5・13）。

(4)　費用償還請求権

留置権者が留置物について必要費や有益費を支出した場合，所有者にその

償還を請求することができる（299条）。

(5) 競売権

民事執行法上，留置権者も留置物を競売にかけることができる（民事執行法195条）。ただしこれは優先弁済を受けるために認められているのではなく，留置物を占有することで生じる負担（善良な管理者の注意による占有など）から留置権者を解放するための手段であるとされている。

第4節　留置権の消滅

1　留置権消滅請求

留置権は担保物権であることから，物権や担保物権一般の消滅原因によって消滅する他，いくつかの固有の消滅原因もある。その1つが**留置権消滅請求**である（298条3項）。すでに述べたように，留置権者が善良な管理者の注意による保管義務に違反する場合（同1項），債務者に無断で留置物の使用などをする場合（同2項本文），債務者は留置権の消滅請求をすることができる。消滅請求をするためには，留置権者による違反行為が終了しているかどうかや損害が実際に発生したかに関係しないとされ（最判昭38・5・31民集17巻4号570頁），また買主など留置物の第三取得者も消滅請求ができるとされている（最判昭40・7・15民集19巻5号1275頁）。

2　債権の消滅時効との関係

留置権の行使は債権の消滅時効の進行を妨げない（300条）。そのため留置権者が債務者に対して留置権を主張するだけで，債権に基づく請求などを一切しない場合，債権そのものが時効消滅する可能性もある。この場合，留置権の被担保債権が消滅するので留置権も当然に消滅する。

3 担保の供与による留置権の消滅

　債務者は相当の担保を供与して留置権の消滅を請求できる（301条）。留置権は債権の弁済を促すために存在するので，債務者が自発的に別の担保を提供するのであればその限りで留置権の役割は不要となるからである。

4 占有の喪失による留置権の消滅

　留置権者が留置物の占有を失うと，留置権も消滅する（302条本文）。ただし，債務者の承諾を得て留置物を賃貸する場合や質入れする場合には消滅しない（同ただし書）。これらの場合には留置権者が留置物を引き渡しても，代理占有が成立するからである。

第12章　先取特権

基 本 事 項

第1節　先取特権の意義

1　先取特権とは

先取特権とは，法律が定めた一定の債権者が債務者の財産に対して当然に取得する担保物権であり，留置権と並ぶ**法定担保物権**である（303条）。後述するように（本章**第2節**参照），先取特権には様々な種類があるが，例えば，A社に雇われているBには（この場合，給与債権を持つBが債権者でAが債務者となる），特に担保権設定契約をせずとも，法律上，Aの総財産の上にこれを換価して優先弁済を得る権利が認められる（306条2号・308条）。

同じ法定担保物権である留置権との違いは，①留置権が対象物の占有を要件としているのに対して，先取特権がこれを要件とせず（**非占有担保物権**），

留置的効力が無いこと，②留置権には優先弁済効は存在しないが，先取特権には優先弁済効があることにある。したがって，Bは給料が支払われない場合には，Aの総財産を占有せずとも，Aの総財産からAの他の債権者に先んじて弁済を受けることができる。

　先取特権が担保物権として，付従性や不可分性（305条）を有することについては争いが無く，実際に問題となるのは動産に限られるが物上代位性（304条）を有することも明らかである。随伴性についても肯定されている。

2　民法上の先取特権の存在理由

　ところで，先取特権は非占有担保であることから，特に動産を対象とするときは，公示方法が無い。したがって，第三者に不測の損害を与えるおそれがある。そうした点から，外国では先取特権が徐々に廃止されつつある。ではなぜ民法は先の例のような場合に先取特権を認めているのだろうか。それは，債権の中には特別な保護を与えるべきものが存在しているからである。後述のように民法に定められた先取特権は全部で15種類あり（なお特別法上の先取特権に関しては全部で100種類以上ある。【コラム：特別法上の先取特権】），それぞれについてそうした特別な保護を与える理由が存在している。これを大まかに整理すると，次の4つの理由に分けられる。

　①債権者間の公平の確保。これは，1人の債務者に対して複数の債権者がいる場合，他の債権者にとっても有益な出費を1人の債権者が行った場合には，その部分についてはその出費をした債権者に対する優先弁済を認めるべきであるという場合である。

　②弱小債権者への社会政策的配慮。先ほど挙げた例のように，債権が生活の維持等に不可欠である場合，そうした債権を有する債権者を保護すべく優先弁済を認めるべき場合である。

　③債務者に必要な給付を行う契約の促進。A（売主）とB（買主）が契約をする際に，先取特権により売買代金債権が保護されるならば，Aとしては

安心してBに物を先履行できるだろう。そしてそのことは，債務者である
Aにとっても有益である。

　④当事者における担保意思の推測。債権者は，債務者の一定財産が債権の
引当てとなることを期待する一方で，債務者にも担保を設定する意思がある
ことが推測されるから，合意が無くても担保の成立を認めうる場合がある。

【コラム：特別法上の先取特権】

　前述のように，民法が先取特権を認めた理由が，ある種の債権には特別の
保護を与える必要があるという点にあると述べたが，社会の発展や複雑化に
ともない，そうした保護が必要な債権の種類も増加した。そして，それらの
債権には特別法上の先取特権が認められている。その中には，前述の①～④
の理由から先取特権が認められているものもあるが（区分所有法7条，借地借家
法12条），その他にも次のようなものがある。

　例えば，租税債権や国や公共団体の手数料債権，社会保険料債権などの<u>公
益的収入にかかる債権の確保を目的とする場合</u>である（国税徴収法8条，地方税
法14条の2，健康保険法182条，国民年金法98条など）。

　そのほかには，公益事業を行う特殊法人等が社債を発行するなどして多数
の者から小口の資金を募る場合，これらの債権の1つ1つに担保を設定する
のは非常に手間と費用がかかる。そこで，そうした個別の担保権設定を省略
し，こうした多数の債権者に法人の総財産に対して先取特権を認めるものが
ある。例えば，東京メトロの社債（東京地下鉄法3条）やNHKが放送設備の
建設または改修の資金に充てるために発行した放送債券にかかる債権（放送
法80条6項）などがある。<u>担保設定コストを省略しつつ，債権者を保護するこ
とによって，投資を促進することに狙い</u>がある。

第2節　先取特権の種類と成立要件

　先取特権は，その目的となる財産の種類に応じて，債務者の総責任財産を

目的とする**一般の先取特権**（306条），個別の動産や不動産の上に成立する**特別の先取特権**に分けられる（311条・325条）。

1　一般の先取特権

民法は，一般の先取特権として以下の4種類を定めている。

種類	名称	条文	根拠	被担保債権	対象
一般の先取特権	共益費用	307条	債権者間の公平確保	共益費用の債権	総責任財産
	雇用関係	308条	社会政策的配慮	雇用関係に基づく債権	総責任財産
	葬式費用	309条	社会政策的配慮	相当な葬式費用の債権	総責任財産
	日用品供給	310条	給付の促進	最後の6か月間の飲食等の債権	総責任財産

(1)　共益費用の先取特権

i　意義　共益費用の先取特権とは，各債権者の共同の利益のために，その債務者の財産の保存，清算または配当に関して支出された費用に関する償還債権について成立する先取特権のことをいう（307条1項）。

ii　具体例　次の例に即して説明していこう。BはAに対して150万円の債権を持ち，CはAに対して300万円の債権を持っている。他方，AはDに対して300万円の債権を持っているが，消滅時効にかかりそうであった。そこで，Bが消滅時効が完成しないように，Aの代わりに訴訟を起こし（147条），それに50万円の費用がかかったため，Aに対してその支払いを内容とする債権（償還債権）を取得した。Dから取り立てた300万円をBとCで分け合うことになるが，その際にAが出費した費用50万円についてはどのように扱われるだろうか。

iii 債権者平等の原則　　まず，先取特権という制度が無かったらどうなるか考えてみよう。この場合，**債権者平等の原則**に従いBとCは配当を受けることになる。すなわち，BとCの債権額の比率は，200万円（もともとの債権150万円＋償還債権50万円）対300万円，つまり2：3なので，Dから回収した債権から，Bは120万円，Cは180万円回収できることになる。

　しかし，CはBが訴訟を起こさなければAのDに対する債権が時効により消滅して1円も回収できなかったはずである。したがって，せめてBが訴訟に要した費用（＝各債権者の共同の利益のために支出された費用）である50万円については，優先的にBに回収させるのが公平にかなう。こうした理由で307条が置かれている。

iv 307条による場合　　そして，上記の場合307条1項によれば，Dから回収した300万円について，まず，Bが訴訟に要した費用50万円をCに先んじて回収する。そして，残った250万円について，1：2の割合で分配することになる（Bが約83万円，Cが約166万円）。

(2) 雇用関係の先取特権

　給料債権等の雇用関係に基づく債権についても先取特権が認められている（308条）。ここでの「雇用関係」については，近時における雇用関係の多様化を考えると，狭い意味での雇用関係にとらわれず，およそ他人に継続的に使用され，その労務の対価を得ている者を広く指すと理解されている。したがって，委任や請負等により労務を提供する使用人もここに含まれる。また，ここでの被担保債権は，雇用関係に基づくすべての債権が含まれることから，給料債権のみならず，退職金や退職後の退職年金債権も含まれる。

　こうした債権に先取特権が認められている理由は次の点にある。使用人（労働者）はもっぱら給料によって生活しているが，使用者側と交渉してその確保のために担保を取るのは困難である。そこで，その優先的回収を認め使用人の生活を保護するため先取特権が認められている。

(3)　葬式費用・日用品供給の先取特権

まず葬式費用の先取特権とは，<u>債務者または債務者が扶養すべき親族が死亡した場合の葬儀費用について葬儀会社等が有する債権や近親者の費用償還債権について成立する先取特権である</u>（309条）。例えば，Ａは，父Ｂが死亡したので，葬儀社Ｃに依頼して葬式を執り行った場合，ＣはＡに対して葬式代金債権を取得するが，この債権について成立するのが葬式費用の先取特権である。代金債権に先取特権を成立させることによって，資力の乏しい者であっても，相応の葬式を行うことができるようにする配慮であるが，そもそも引当てとなる債務者の財産が乏しい場合に，先取特権の存在によって，葬式を行うことが容易になるのか疑問が持たれている。

日用品供給の先取特権とは，<u>債務者または債務者が扶養すべき同居の親族等の日用品の購入にかかる代金債権について成立する先取特権である</u>（310条）。規定の趣旨は，葬儀費用の先取特権と同じで，資力の乏しい者の保護にある。ただし，日用品の売買に際しては，即時に代金が支払われることがほとんどであり，被担保債権となるべき代金債権が残らない場合がほとんどであろう。こうした点から有用性に疑問が持たれている。ただし，学説においては，クレジットカード払いによる日用品の購入の場合には，クレジット債権の債権者に先取特権が付与されるとする見解があり，こうした立場に立つならば今日でもある程度の有用性は認められるだろう。なお代金債権のうち優先弁済が認められるのは，最後の6か月分に限られる。

2　特別の先取特権①──動産の先取特権

前述のように先取特権は，非占有担保権である。したがって，対象が動産である動産の先取特権に関しては，<u>公示が存在しないことになる</u>（動産に成立する物権の対抗要件に関しては本書**第4章第1節**参照）。このように動産の先取特権は，第三者から見てその存在が分からないにもかかわらず，権利者に優先弁済を受ける権利を認める点に特徴がある。

動産の先取特権には，以下の8つの種類がある。以下では，特に問題となる不動産の賃貸借の先取特権と動産売買の先取特権について見ていこう。

種類	名称	条文	根拠	被担保債権	対象
特別の先取特権（動産の先取特権）	不動産の賃貸借	311条1号・312条以下	当事者意思の推測	賃料その他賃貸借上の債権	備え付け動産等
	旅館の宿泊	311条2号・317条	当事者意思の推測	宿泊料，飲食代債権	持ち込み手荷物
	旅客または荷物の運輸	311条3号・318条	当事者意思の推測	運送賃および付随費用債権	占有荷物
	動産の保存	311条4号・320条	債権者間の公平確保	動産の保存費用等の債権	当該動産
	動産の売買	311条5号・321条	債権者間の公平確保	売買代金および利息債権	当該動産
	種苗または肥料の供給	311条6号・322条	給付の促進	給付物の代金および利息債権	1年以内の果実
	農業の労務	311条7号・323条	社会政策的配慮	最後の1年間の賃金債権	果実
	工業の労務	311条8号・324条	社会政策的配慮	最後の3か月の賃金債権	制作物

(1) 不動産の賃貸借の先取特権

i 意義 不動産の賃貸借の先取特権とは，<u>不動産の賃貸借関係から生じた債権（例えば賃料債権や損害賠償債権）を被担保債権とし，賃借人が有する一定の動産を対象に成立する先取特権である（312条）</u>。例えば，AがBに対して建物を賃貸していたところ，Bが賃料を支払わずに行方をくらました場合に，Bが建物の中に置いて行った家財道具等に対して先取特権が成立する。先取特権が成立する対象が上記のように動産であるため，「動産の」先取特権に位置づけられている。賃貸人としては，賃貸物に持ち込まれた動産から優先弁済を受けることを期待しているし，賃借人もそれを覚悟しているはずだ，という当事者意思の推測が規定の根拠となっている。

ii　対象物の範囲　　建物の賃貸借の場合には，賃借人がその建物に備え付けた動産について先取特権が成立する（313条2項）。土地の賃貸借の場合には，①賃借地に備え付けられた動産（排水ポンプ等），②その借地の利用のための建物に備え付けられた動産（借地上の耕作用の小屋に備えられた農具等），③その借地の利用のために用いられる動産（②の小屋の外にあり現に利用されている農具等），④借地から生じた果実で賃借人が占有するものである（313条1項）。「備え付けられた動産」かどうかは，一定期間継続して置いておくために建物内に持ち込んだものであるか否かにより判断されており（大判昭18・3・6民集22巻147頁），必ずしも従物や家具のような常設を前提とする動産に限られない。ただし，建物利用とは関係ない所持品等にまで及ぶとするのは，312条の根拠ともなっている当事者意思の観点からも行き過ぎであろう。賃貸借契約の趣旨から合理的期待の範囲内と言えるかどうかにより判断すべきである。

　ところで，314条によると，先の例のBがCに対して，賃借権を譲渡したり，賃貸建物を転貸していた場合で，BがAに支払うべき賃料を支払っていなかった場合には，AはCが建物に持ち込んだ動産に対しても先取特権を有することとなる。ただ，Cは転貸が適法に成立している場合は，直接Aに対して責任を負うので（613条），本条の出番は無い。Bの賃料不払いが，Cへの転貸の前に生じていた場合にのみ本条の問題となる。AはCが占有している動産であればCの物と信じるはずであるというのが規定の趣旨である（192条を準用する319条も参照）。

iii　被担保債権の範囲の制限　　ところで，賃貸人の保護を厚くすることは，他の一般債権者を害することにもつながる。こうした観点から，不動産の賃貸借の先取特権については被担保債権の範囲に制限がかけられている。すなわち，315条は，「賃借人の財産のすべてを清算する場合」（例えば賃借人の破産や賃借人の遺産相続についての限定承認〔922条以下〕，賃借人法人の解散）は，①賃料およびその他の債務については前期，当期，次期の3期分，②損害賠償債務については前期，当期の2期分についてのみ賃貸人に先取特権を認め

ている。

iv　敷金との関係　　なお賃貸借契約においては，賃貸借関係から生じる損
害を担保するため，**敷金**が賃借人から賃貸人へと契約時に給付される場合が
多い。敷金は，何も無ければ賃貸借契約終了時に賃借人へとそのまま返還さ
れるが，損害が発生した場合（例えば，賃料不払いや賃貸建物の毀損等による
損害），その敷金から損害額が控除されたものが賃借人へと返還される（622
条の2第2項）。この敷金と先取特権の関係について，316条は，賃貸人は，
敷金を受け取っている場合には，その敷金で弁済を受けない債権の部分につ
いてのみ先取特権を有すると規定している。つまり，敷金による清算後の残
債務についてのみ先取特権が成立する。

(2)　動産売買の先取特権

　動産売買の先取特権とは，動産の売主が，売買代金債権とその利息債権に
ついて，売買目的物の上に取得する先取特権である（321条）。例えば，売主
Aが買主Bに給付した商品の上に，先取特権が成立する。Aが給付した商
品によって，Bの責任財産が増加するのだから，その未払いの代金債権等を
担保するために当該商品の上に先取特権を成立させるのが公平にかなう。こ
れが321条の趣旨である。なお，代金債権を担保する手段としては，同時履
行の抗弁権（533条）や留置権（295条）があるので，321条が問題となるのは，
動産が先に履行されている場合である。

3　特別の先取特権②──不動産の先取特権

種類	名称	条文	根拠	被担保債権	対象
特別の先取特権（不動産の先取特権）	不動産保存	325条1号・326条	債権者間の公平確保	保存に要した費用	当該不動産
	不動産工事	325条2号・327条	債権者間の公平確保と当事者意思の推測	工事に要する費用	当該不動産
	不動産売買	325条3号・328条	債権者間の公平確保	売買代金債権	当該不動産

　不動産の先取特権には，上の表に示した3つの種類がある。不動産そのものの保存や不動産に関する権利の保存のために要した費用（326条）や，不動産に関する工事の設計，施工，管理をする者が，債務者の不動産に関してした工事の費用（327条）については，それらを被担保債権としてその不動産に先取特権が成立する。不動産に関する保存や工事による不動産の価値の維持・増加は，他の債権者の利益ともなることから，それに要した費用について先取特権を認めるのが債権者間の公平にかなう。これが326条・327条の趣旨である。不動産売買の先取特権（328条）は，動産の先取特権と同様の理由（前述）から規定が置かれている。

　なお，これら不動産の先取特権に関しては，登記をしなければ他の債権者に対抗できないことから，現実にはほとんど使われていないと言われている。特に，工事費用の先取特権の場合などは，契約時に工事代金債権を被担保債権として，建物等に成立した先取特権について登記することになるが，これでは最初から注文主の支払い能力を疑っているように見えてしまううえ，注文主も登記に協力したがらないからである。

第3節　先取特権の効力

1　優先弁済効

(1)　優先弁済効

　先取特権の効力は，債務者の財産から，後述の順位に従って，他の債権者に先んじて自己の債権の弁済を受けることにある（**優先弁済効**。303条）。その方法としては，①自ら先取特権を実行して優先弁済を受けるか，②他の債権者が先取特権の目的物について行った実行手続の中で優先弁済を受けるかのいずれかによる。

(2)　先取特権の実行の申立て

　まず①のパターンから見ていこう。これについては，一般先取特権，動産の先取特権，不動産の先取特権のそれぞれで手続きが異なる。

i　不動産の先取特権　　まず，不動産に対する先取特権の実行の場合には，民事執行法181条1項が定める文書を執行裁判所に提出することによって実行手続きが開始する。実行手続には，担保不動産競売と担保不動産収益執行の2つがある（本書**第9章第4節**参照）。

ii　動産の先取特権　　動産の先取特権の場合には，ア．担保権の存在を証する文書を提出した債権者の申立てにより，執行裁判所が，動産競売の開始を許可することができるものとしている（民事執行法190条2項）。以前は，イ．債権者が執行官に対象動産を提出するか，ウ．債権者が執行官に対して当該動産の占有者が差押えを承諾することを証する文書を提出した場合に限り競売が開始されるとしていた（同法旧190条）。しかし，債権者が占有を有しない場合には，債務者が任意に協力してくれなければ，実行が困難であった。そこで，2003年（平成15年）の改正でア．の場合が追加されイ．やウ．が無くとも競売が開始できるようになった。

iii **一般の先取特権**　一般の先取特権の場合は，債務者の総責任財産を対象とするものの，それを一体の物として捉えてそこから優先弁済を受けるわけではなく，その実行は個々の財産に対して行うこととなる。したがってその実行方法は特別の先取特権の場合と同様である。ただし，不動産の先取特権とは異なり，対象が不動産の場合には登記が無くても担保権を有しない一般債権者には先取特権を対抗できる（336条）。被担保債権が比較的小さく登記がされにくいことへの配慮である。そして登記が無いときであっても，一般の先取特権の存在を証する文書を執行裁判所に提出すれば，実行手続が開始する（民事執行法181条1項4号）。

　なお，一般の先取特権は，債務者の総責任財産を対象とすることから，他の債権者に与える影響が大きい。そこで，複数の財産から同時に配当がなされる場合には，はじめに不動産以外の財産から弁済を受け，それでも不足がある場合に限り不動産から弁済を受けることとなる（335条1項）。不動産から弁済を受ける場合でも，他の担保（抵当権，質権，先取特権）の対象となっていないものからしか弁済を受けることができない（同条2項）。この順序に従わない配当がなされた場合には，順序に従った配当加入を行っていれば受けられたはずの額について，他の財産の配当において，登記した第三者（一般の先取特権者に劣後する抵当権者など）に先取特権を対抗することができない（同条3項）。他の債権者が執行したため，上記の順番のうち後のものから配当がなされた場合には，一般の先取特権者は，335条の順番にかかわらず，その配当に参加して弁済を受けてよいとされている（同条4項）。

(3)　他の債権者が執行手続を開始した場合

　次に②のパターンを見ていこう。

i **動産の先取特権**　他の債権者が動産の競売を開始したときは，動産の先取特権者は，その権利を証する文書を提出して配当要求をすることができる（民事執行法133条・192条）。

ii **不動産の先取特権**　不動産の先取特権の場合，まず，登記した先取特

権者は，売却代金から優先弁済を受けることができる（民事執行法87条1項4号・188条）。ただし，他の担保権者による担保不動産収益執行が先行する場合には，不動産の先取特権者は執行裁判所が定めた期間内に自ら担保不動産収益執行を申し立てなければ，配当を受けることはできない（民事執行法107条4項1号ハ・188条）。

iii　一般の先取特権　　まず対象が動産の場合は，動産の先取特権者と手続きは同じである（民事執行法133条・192条）。不動産が対象の場合も同じだが，登記を備えた一般の先取特権者には，担保不動産収益執行の場合でも配当要求か認められている（民事執行法51条・105条1項・107条4項3号）。

2　物上代位

(1)　意義

先取特権には**物上代位性**があり，目的物の売却，賃貸，滅失や損傷によって債務者が受けるべき金銭その他の物，および債務者が目的物上に設定した物権の対価について効力を及ぼすことができる（304条1項本文・2項）。

ところで，一般の先取特権に関しては，債務者の総責任財産の上に先取特権が成立する以上，304条に規定されている対象も先取特権の対象に当然含まれることから，物上代位を論ずる意味がない。不動産の先取特権による物上代位に関しては，基本的には抵当権のところでなされている議論がそのまま当てはまる。

動産売買先取特権に関しては，実務では，次のようなことが行われている。AがBに対して動産甲を売却し，甲の上に先取特権が成立するが，甲がさらにCに売却されてしまうと，Aの甲に対する先取特権は消滅してしまう（333条）。そこで，BのCに対する転売代金債権に物上代位する方法が採られている。

⑵　304条1項ただし書の「差押え」

　物上代位をするには，304条1項に掲げられた売却代金等が払渡しまたは引渡しされる前に先取特権者がこれらを差し押さえる必要である（同条1項ただし書）。では，この「差押え」を一般債権者が行った場合，先取特権者は目的債権につき物上代位権を行使することは可能か。この問題について判例は，ここでの差押えの目的は，物上代位の目的債権の特定性を保持することによって，物上代位権の効力の保全と目的債権を弁済した第三債務者または債権の譲受人や転付命令を得た差押債権者などの第三者を保護することにあるとする。したがって，目的債権について一般債権者が差押えをしたに過ぎないときは，その後に先取特権者が目的債権に対して物上代位権を行使することを妨げないとする（最判昭60・7・19民集39巻5号1326頁）。

3　優先順位

　債務者の同一財産上に複数の先取特権が成立することや，他の担保物権と先取特権が競合することがある。こうした場合に備えて民法は，競合する担保物権間の優先順位を定めている。

⑴　先取特権間の順位

i　一般の先取特権間の順位　　一般の先取特権が複数競合する場合の順位は，①共益費用，②雇用関係，③葬式費用，④日用品供給の順になる（329条1項・306条）。

ii　一般の先取特権と特別の先取特権　　一般の先取特権と特別の先取特権が競合する場合は，特別の先取特権が一般の先取特権に優先する（329条2項本文）。ただし，共益費用の先取特権は，その利益を受けた総債権者に優先する（同ただし書）。

iii　動産の先取特権間の順位　　330条1項は，その第1号から第3号で動産先取特権を3つのグループに分けて順位を定めている。第1順位は，不動産

の賃貸，旅館の宿泊および運輸の先取特権，第2順位は不動産の保存の先取特権，第3順位は動産の売買その他の先取特権である。当事者の意思の推測に基づくものを最優先する趣旨である。

同条2項前段は，第1順位の先取特権者が，債権取得時に第2，第3順位の先取特権者がいることを知っていたときは，これらの者に対して優先権を行使できないとしている。また，第1順位者のために物を保存した者に対しても同様とする（同後段）。例えば，賃貸人Aが賃借人Bが備え付けた家具について家具店Cへの代金が支払われていないために動産売買先取特権が存在することを知っている場合や，賃借人Bが備え付けた家具の上に，以前に修繕がなされたがその修繕費用が支払われていないことにより動産保存の先取特権が存在することを賃貸人Aが知っている場合である。ここでの「優先権を行使することができない」とは，同順位となるという意味ではなく，これらの者に劣後することを意味する。

iv　不動産の先取特権間の順位　　331条1項は同一不動産上に先取特権が競合する場合について，①不動産保存，②不動産工事，③不動産売買の順に優先権を行使しうると規定している。同一不動産について，転売がなされた場合は売買の先後によって決定する（同2項）。

v　同一順位間の先取特権　　同一物に同一順位の先取特権が競合する場合には，その債権額の割合に応じて弁済を受ける（332条）。

(2)　他の担保物権との順位

i　質権との順位　　①動産質と先取特権が競合する場合は，動産質は，330条1項の第1順位の動産先取特権と同順位となる（334条）。②不動産質と先取特権が競合する場合については，不動産質には抵当権の規定が準用されるので（361条），先取特権と抵当権が競合する場合と同様に扱うことになる。

ii　抵当権との順位　　不動産の保存，工事の先取特権は，337条・338条に定める登記を備えた者であれば，常に抵当権に優先する（339条）。不動産売買の先取特権と抵当権の優劣について339条は特に定めを置いていない。原

則に従い，登記の先後によって順位が決せられる。

　不動産上の一般の先取特権と抵当権が競合する場合は，両者ともに登記が無い場合は先取特権が優先し（336条本文），抵当権に登記があり，先取特権に無い場合は，抵当権が優先する（同ただし書）。両者とも登記がなされている場合には，原則通り，その先後によって優劣を決する。

4　第三取得者との関係

　先取特権が成立した動産が第三者に譲渡された場合，その動産が当該第三者（第三取得者）に引き渡されると，先取特権は消滅する（333条）。先取特権は非占有担保であり公示方法が存在しないことから，目的動産を譲り受けた第三者を保護するためこうした規定が置かれている。ここでの第三取得者は所有権取得者に限られる（譲渡担保権者も含まれるとするのが判例の立場である最判昭62・11・10民集41巻8号1559頁）。また，ここでの「引渡し」について判例・学説は現実の引渡しだけでなく占有改定も含むと解している。占有改定であっても，動産の対抗要件として認められている以上，当該第三者は対抗力を有する所有権を取得しており（178条），こうした者を保護するのが規定の趣旨だからである。

第13章　非典型担保

基　本　事　項

第1節　非典型担保とは

1　非典型担保とは

　本章では，非典型担保について学ぶ。これまで学んできたように，民法には，**法定担保物権**として，**留置権**と**先取特権**，**約定担保物権**として，**抵当権**と**質権**が規定されていた。このように民法に規定のある担保物権を**典型担保**と呼び，民法に規定の無いこれら以外で担保として利用されているものを**非典型担保**と呼ぶ。

2　非典型担保のメリット

　非典型担保は金融界の慣行から生まれた慣習上の物権である。ではどうしてそうした担保が生み出されたのだろうか。これまで学んできた典型担保を機能の点から見ると，まず留置権や先取特権は，資金調達の場面ではあまり役に立たない。また，抵当権については不動産にしか設定できず，実行には時間や手間，費用が掛かり売却代金も一般の相場よりは低めである。質権は，目的物の占有移転が要件となっていることから目的物を手元において使用収益しつつ資金を得るというニーズには合致しない。こうした典型担保の不十分な点を補う形で登場したのが非典型担保である。その特徴は，担保契約時に担保目的物の所有権の移転という形式がとられ，その結果，競売手続等の公的実行によらない債権回収がなされる（**私的実行**）という点にある。なお，これから見ていく仮登記担保のみ仮登記担保法という法律が存在するが，それ以外はいずれも慣習や判例に従い実務が行われている。

第2節　仮登記担保

1　仮登記担保とは

(1)　仮登記担保の意義と仕組み

　仮登記担保とは次のような仕組みの担保である。A（債務者）は，B（債権者）から1,000万円を借り，もしAが期日までに1,000万円を返済できなかった場合には，Aの有する不動産（評価額2,000万円）の所有権をBに移転することを約束し，その約束に基づく所有権移転請求権を仮登記によって保全するというものである。もちろん，Aが借金を返済すればAの有する不動産の所有権をBに移転する必要は無い。

　このように，被担保債権を担保するため，債務不履行時に設定者に属する目的物を債権者に移転することを約し，そのことを仮登記によって保全して

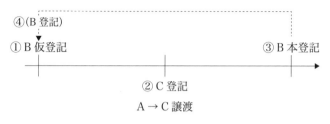

図1　仮登記担保（仮）

おく契約を仮登記担保という（仮登記担保法1条）。

　ところで、「所有権移転を仮登記によって保全する」ということに法律上どういう意味があるのだろう。まず**仮登記**には、**順位保全的効力**というものがある。これは、AからBへと所有権の移転がなされ、仮登記が本登記（これまで学んできた対抗要件としての効力を有する登記）に改められると、その本登記によりBが対抗力を取得する時点が、仮登記をした時に遡るというという効力である。したがって、仮に、A所有不動産を仮登記後、AがCに譲渡しその後登記を取得したとしても、Bが仮登記を本登記に改めれば、Bの方が先に登記を取得していたこととなる。こうして、単に代物弁済予約や停止条件付代物弁済合意をするだけでなく、将来登場する可能性のある第三者（上例のC）にも対抗することができるよう仮登記によって順位を保全し、確実に弁済を受けられるようにする仕組みが仮登記担保である。

　上記のように、仮登記担保は債務不履行時に債権者に目的物が移転する契約であるから、債権者にこれまで見てきたような制限物権としての「担保権」というものが契約時から存在しているわけではない（有力説は「仮登記担保権」という権利の存在を認める）。仮登記担保法も債権者あるいは「担保仮登記の権利者」と呼ぶに過ぎない（仮登記担保法13条1項参照）。よって本書でも上例のBを単に債権者と呼ぶこととする。

⑵　仮登記担保法の制定
　ところで、先のAとBの契約は、「Aが債務不履行をしたらA所有の不

動産をBに移転する」というものである。したがって，Aが負っていた債務額1,000万円とBが取得したA所有不動産の価値2,000万円には1,000万円の差があるが，それもそのままBが手にすることができるというのが民法上の原則である（【コラム：代物弁済予約とは】参照）。これを「**丸取り**」と呼ぶ。

しかし，A・B間の契約が担保のための契約であるならば，差額をAに戻すのが筋であろう。また債権者がこの「丸取り」を目的として，困窮状態にある債務者に仮登記担保を結ばせるケースも登場した。こうしたことを受けて，債務額を上回る分を債務者に返還する**清算義務**を課す判例が登場した（最判昭42・11・16民集21巻9号2430頁，最大判昭49・10・23民集28巻7号1473頁）。そして，この清算義務の確保をより確実なものとするため，またその他の細かな規律を明確化することを目的として仮登記担保法（昭和53年法律78号）が制定された。しかし，これによって，仮登記担保のうまみがなくなり，現在ではその利用は少ないと言われている。

2　仮登記担保契約

⑴　仮登記担保契約の成立

仮登記担保はどのように設定されるか見ていこう。まず，仮登記担保の設定は，諾成・無方式の「仮登記担保契約」によってなされる。そして同契約が仮登記担保法の適用を受けるには以下の3つの要件を満たす必要がある（同法1条）。

---

① 　金銭債務を担保することを目的とするものであること。
② 　債務の不履行があるときに債権者に債務者または第三者に属する所有権等の権利の移転等をすることを目的としてなされた代物弁済の予約，停止条件付代物弁済契約その他の契約であること。
③ 　移転等される権利は，仮登記・仮登録できるものであること。

---

①について。被担保債権は金銭債権に限られる。非金銭債権であっても，債務不履行時に損害賠償債権という金銭債権に転化するものであれば，被担保債権として認めてよいという見解もある。

②について。まず仮登記担保を設定するのは債務者だけではなく，第三者も可能である（物上保証人については本書**第8章**参照）。また，「所有権等」とあるように，債務不履行が生じたら，目的物に地上権や永小作権を設定するという契約もここに含まれる（ただし抵当権等の設定は除く。仮登記担保法20条かっこ書）。仮登記担保の設定の際には，代物弁済予約，停止条件付代物弁済契約がなされることが一般的であるが，「その他の契約」としては売買予約が用いられることもある。

【コラム：代物弁済予約とは】

　代物弁済とは，債権者と債務者の合意により，本来の給付として予定したもの（例では1,000万円の支払い）ではなく，<u>別のものの給付（例ではＡの有する不動産）で債務を消滅させること</u>をいう（482条）。借金を返す方法が，1,000万円という金銭での返済から，「Ａ所有不動産の所有権の移転」へと変更されたというわけである。したがって，本文中の例では，不動産の価値が債権額よりも高い例を紹介したが，逆に，不動産の価値の方が低い場合であっても，もちろんＢの貸金債権は消滅する（仮登記担保法9条はこの点を修正している）。

　ではこれを「予約する」ということにはどういう意味があるだろうか。まず，民法上の「予約」とは，後日，改めて「本契約」を締結するという約束を意味する。そして，その本契約を一方的意思表示によって成立させることが可能なタイプの予約を「一方の予約」といい（556条参照），その権利を「**予約完結権**」という。この予約完結権をＢが持てば，Ａが債務不履行をした時に，（Ａの意思にかかわりなく）代物弁済予約の完結権をＢが行使して，ＢにＡ所有不動産の所有権を移転することができる。

---

③について。移転等される権利は，仮登記・仮登録できるものである。一般的には，不動産の所有権が対象となることが多いが，動産の所有権であっ

ても仮登録できるもの（航空機等）も対象となりうる（仮登記担保法20条参照）。

　以下では，不動産を念頭に置いて説明をしていくこととする。

⑵　公示方法としての担保仮登記

　仮登記担保は，仮登記（登録動産については仮登録）によって公示される（**担保仮登記**，仮登記担保法4条1項）。仮登記には，本来，前述の順位保全的効力しか認められていないが（不動産登記法106条），<u>担保仮登記には一定の場合に優先弁済の順位を決定する効力も認められている（仮登記担保法13条1項，後述**4 ⑵ ii**）</u>。しかし，仮登記担保は，抵当権とは異なり，不動産登記の乙区ではなく甲区（所有権に関する事項）に登記され，債務者や被担保債権額は記載されていない。したがって第三者からは本来の順位保全のための仮登記なのか，担保のための仮登記なのか見分けるのは難しく（したがって後順位担保権を設定しにくい），公示機能は不十分であるといえる。

3　仮登記担保の実行

⑴　債務者との関係

　次にどのように仮登記担保が実行されるか見ていこう。仮登記担保の実行は，前述のように仮登記担保権者が仮登記担保契約に基づく権利を行使して目的物の所有権を取得することによって行われる。この私的実行に関して仮登記担保法は，<u>債権者による清算が確実に行われるよう，不当な丸取りを阻止する方策を用意すると同時に，債務者に一定時期まで目的物を取り戻す機会も確保している</u>。

i　所有権の取得の要件　　債権者は，債務不履行が発生し「契約において所有権を移転するものとされている日（以下，「契約上取得日」という。仮登記担保法2条1項）に所有権を取得しうるが，以下の要件を満たす必要がある。

①債権者はまず，清算金がいくらになるかを調べてその見積額（清算金が無いと認めるときはその旨）をその契約の相手方である債務者または第三者に通知し（「2条通知」），かつ，②その通知が債務者等に到達した日から2か月を経過する必要がある。この2か月という期間は，**清算期間**と呼ばれている。この間，債務者は，債務を弁済して不動産を取り戻すことができる。債務者のこうした権利を**受戻権**という。

ii　清算　　清算期間が終了すると，目的物の所有権が債権者に移転すると同時に，目的物の価額に相当する金額で被担保債権が消滅する。

　例えば，ア．被担保債権が2,000万円で目的物の価額が1,000万円の場合には，その限度で債権が消滅する（残債務1,000万円。仮登記担保法9条）。民法上，代物弁済には弁済と同じ効果があることから，仮に目的物の価値が債権額に満たないとしても債権のすべてが消滅するはずであるが（482条），仮登記担保法9条はこの点を修正している。

　イ．被担保債権が2,000万円で目的物の価額が3,000万円の場合は，債権全額が消滅し，債権者に1,000万円の清算金支払義務が生ずる（仮登記担保法3条1項）。この清算金の支払いを確実なものとするため，仮登記担保法は清算金支払義務と本登記・目的物引渡請求権を同時履行の関係に立たせている（仮登記担保法3条2項）。同時履行の関係とは，すなわち債務者Aは担保権者Bから清算金の提供を受けるまでは，Bからの本登記・目的物引渡請求を拒めるという関係のことをいう（533条）。この清算金支払義務に関しては，（清算期間経過後になされたものを除き）無清算特約など債務者等に不利なものは無効である（仮登記担保法3条3項）。

iii　清算期間後の受戻権　　前述のように債務者は清算期間内であれば債務を弁済して目的物を取り戻すことができるが，清算期間が過ぎて目的不動産の所有権が移転した場合であっても，債務者は債権者から清算金の提供（492条）あるいは支払いを受けるまでは，債権者に被担保債権相当額を提供して目的物の所有権を取り戻すことができる。ただし清算期間終了後5年を経過したとき，あるいは第三者が目的物の所有権を取得したときは，受戻権

は消滅する（仮登記担保法11条）。

(2) 後順位担保権者との関係

i 清算金に対する物上代位　ところで，債務者Ａの土地に仮登記担保が設定されたが（債権者Ｂ），その後，Ａの別の債権者Ｃのために新たに抵当権が設定された場合のように，仮登記担保においても後順位担保権者が登場することがある。その場合Ｃの抵当権は私的実行の中でどのように扱われるだろうか。はじめにＡの私的実行が先行した場合を見ていこう。この場合，ＢがＡの土地を換価した後，自己の債権を回収した後の残額をＣに分配することが考えられるが，裁判所による配当手続といった公的手続ではない以上，きちんと残額を分配してくれるのかについてＣとしては不安が残る。

これについて，まず，仮登記担保法４条は，債務者が取得する清算金について，債務者への払渡し前の差押えを条件に，後順位担保権者が物上代位権（物上代位については本書**第8章**参照）を有することを定めている。つまり，Ａが取得するはずの清算金をＢからＣは支払ってもらうことにより債権の満足を得ることができる。

そして，この後順位担保権者の物上代位権を確保するため，仮登記担保法は次のような方策をとっている。まず，物上代位の機会を確保するため，①清算期間中は設定者が清算金請求権を処分することを禁止し（同法６条１項），②また，清算期間経過前に清算金が支払われたとしても，そのことを後順位担保権者に対抗できないとしている（同２項）。③債権者が仮登記担保権を実行する際には，後順位担保権者に通知すべきことを定め（同法５条１項。「５条通知」），これを怠ると清算期間後の弁済を後順位担保権者に対抗できなくなる（同法６条２項）。こうして，仮登記担保権者による抜け駆けを阻止している。

なお，Ｂが仮登記を本登記に改める際に，ＣがＢから本登記の承諾請求（不動産）を受けても，清算金の支払いがあるまでは，同時履行の抗弁権

(533条) によって請求を拒むこともできる。

ii 目的不動産が競売された場合　次に，Ｃが抵当権を実行した場合，Ｂの仮登記担保権はどのように扱われるだろうか。この場合は，抵当権と同様に，競売手続において配当を受け，債権は消滅することになる（仮登記担保法13条１項）。なおこれは，仮登記担保権よりも抵当権の方が先順位の場合も同様である。

　では，Ｂが仮登記担保の実行に着手した場合，Ｃは抵当権の実行し競売を申し立てることはできるだろうか。これについて仮登記担保法15条は，清算金があるときはその支払いが完了するまで，清算金が無いときは清算期間が満了するまで競売の申立てが可能であるとしている。そして，競売開始決定がなされた場合には競売が優先する（その後配当手続に入る）。また，競売開始決定がなされると，もはや，Ｂは自分が先順位であることを主張して，仮登記担保の実行による所有権取得を主張できなくなる。

4　利用権との関係

(1)　法定賃借権

　土地と建物が同一所有者に属している場合，抵当権の実行により法定地上権が成立することがあった（388条，本書**第 9 章**参照）。では，仮登記担保の場合はどうだろうか。仮登記担保に関しても，同様の規定が存在するが（仮登記担保法10条），以下のような修正がされている。

　Ａが所有する甲土地とその上に立つ乙建物のうち，乙建物についてＢのために仮登記担保が設定され，その後実行されたとしよう。この場合，Ｂが乙建物を手に入れても，敷地利用権が存在しない以上，Ａから建物収去土地明渡請求を受けることになってしまう。しかし，そうした事態を見越してＢはＡとの間で乙の所有権取得を停止条件として敷地利用契約を締結することができる（これを仮登記することで第三者にも対抗可能である）。Ａは融資を頼んでいる立場上，Ｂからのこうした申し出を断ることは難しい。融資する

側とされる側のこうした立場の違いを考慮して，仮登記担保法はあえて規定を置いていない。

他方で，甲土地に仮登記担保が設定された場合，A としては乙建物にそのまま住みたいと思い，B との間で敷地利用契約を締結しようとしても，甲土地を自由に使いたい A はこれに応じないだろう。そこで，仮登記担保法10条は法定の土地賃借権の成立を認めている。存続期間や賃料については，当事者の合意によるが，協議が不調に終わった場合は，当事者の請求により裁判所が決定する。

(2) 担保目的不動上の賃借権と明渡猶予

債務者 A が D に賃貸していた建物に B のために仮登記担保を設定していたところ，これが実行された場合，D の賃借権はどうなるだろうか。仮登記担保が実行されても，対抗力を有する賃借権は，そのまま存続し続け B に対抗することができる。これに対して，仮登記担保に劣後する賃借権は，仮登記担保の実行によって所有権を取得した債権者に対抗できず消滅する。ではその場合，D は実行後ただちに建物を B に明け渡さなければならないか。ここで，抵当権に関する明渡猶予期間の規定（395条）の類推適用の可否が問題となるが，肯定すべきであろう。突然の明渡請求から賃借人を保護すべきであるという点から見ると，建物に設定されていた担保が，抵当権か仮登記担保かによって異なる扱いをすべき合理的理由は無いからである。

第 3 節　譲渡担保

1　譲渡担保とは

(1) 譲渡担保の意義と仕組み

町工場を営んでいる A は B から資金を借りたいと考えているが，工場にはすでに抵当権が設定されていて，工場を担保に資金を借りることができな

い。その他の財産といえば，工場にある工作用機械があるが，民法上，動産に設定できる担保には質権がある。しかし，工作用機械に質権を設定してしまうとBに占有を移さねばならなくなり（342条。なお質権においては占有改定による引渡しは認められていない。345条），工場を操業できなくなってしまう。

　そこで，BがAに資金を融資する代わりに，Aが約定の期日に返済した場合には所有権を返還する約束のもとで，Aが占有を維持しつつ，その所有している工作用機械の所有権をBに移転するといったことが行われる。このように，担保の目的である権利（上の例の場合，所有権）を設定者（債務者，物上保証人）が債権者に移転し，債務が弁済されれば，その権利は設定者に復帰するが（**受戻し**），債務の履行がされないと，担保目的となっている権利は債権者に確定的に帰属し，これにより債務が消滅するという形式の担保を**譲渡担保**という。

(2)　権利移転の形式

　ところで，上で述べた権利移転の形式としては，①金銭消費貸借を締結し，そこから発生した「貸金債権」を担保するため，別個契約で担保目的となる権利を移転する形式と，②担保目的の売買契約を締結し（上の例でいえば，工作機械の売買契約），融資を受ける側が「代金」として資金を受け取り，その代金を後日買主に返還することによって権利を取り戻すという形式がある。①を「**（狭義の）譲渡担保**」といい②を「**売渡担保**」と呼んで区別していた。①については被担保債権が存在しているため，権利移転の「担保」としての性質を肯定しやすく，清算義務を債権者に課すことが可能であるのに対して，②については被担保債権が存在しないことから，そのような担保としての実態に即した取扱いが難しかった（古い判例は両者を区別して扱う。大判昭8・4・26民集12巻767頁）。

　しかし，判例は，「代物弁済」という文言が契約書にあっても，その文言に固執せず，契約内容を総体的に検討し代物弁済か譲渡担保かを判断すべき

としたものや（最判昭41・9・29民集20巻 7 号1408頁。譲渡担保と解される場合には仮登記担保法の適用はないことについて最判平14・9・12判時1801号72頁），買戻特約付売買の形式が採られていても，目的不動産の占有の移転を伴わない場合には，特段の事情の無い限り，当該売買契約は債権担保の目的で締結されたものとして，その性質を譲渡担保契約と解するものが現れるなど（最判平18・2・7民集60巻 2 号480頁），担保としての実質に即した判断がされている。

(3) 法律構成

ところで，上記のように，Ａは担保のためにＢに工作用機械の所有権を移転したが，その場合Ｂは当該工作用機械の完全な所有者となるのだろうか。かつては，この権利移転の形式を重視し，担保目的物の所有権は完全に債権者に移転し，債権者は設定者に対して担保目的を超えて所有権を行使しないという債務を負うに過ぎないと考えられていた（**所有権的構成**という）。

これに対して学説では，譲渡担保の担保としての実質を重視し，譲渡担保権者は完全な所有者とはならず，設定者に何らかの物権が残るとする**担保権的構成**（担保的構成とも呼ばれる）を採る立場が通説化した。ただし同説も，設定者は所有権から抵当権と同じような物権を差し引いたもの，すなわち設定者留保権を有していると理解する見解（設定者留保権説）や，譲渡担保を私的実行可能な抵当権と構成し，所有権は設定者にとどまるとする見解（担保権説）などに分かれている。

今日の判例は，所有権は譲渡担保権者に移転するが，移転の効力は債権担保の目的を達するに必要な範囲にとどまるとする立場を採っており，いずれの構成を採っているともいえない（最判平 5・2・26民集47巻 2 号1653頁，最判平 7・11・10民集49巻 9 号2953頁）。

2 個別の不動産・不動産の譲渡担保

　譲渡担保は，主に不動産，動産，債権に設定されることが多い。ただし，動産や債権は1つ1つを見ると，担保目的物のとしての価値が小さすぎることもある。そこで，ある一定数量の動産や債権をひとまとめにして譲渡担保の目的物とすることがある。これらは**集合動産譲渡担保**や**集合債権譲渡担保**と呼ばれている。

　以下では，これら担保目的物の種類ごとに解説していくこととするが，はじめに不動産及び個別の動産の譲渡担保について見ていこう。

(1) 設定契約・公示方法・効力の及ぶ範囲

i 設定契約　　不動産および個別の動産に対する譲渡担保の設定は，債権者と設定者（債務者または物上保証人）との間の契約によってなされる（諾成・無方式）。被担保債権の種類については，特に制限はない。

ii 対抗要件①（不動産の場合）　　そして，設定された譲渡担保権について，不動産の場合は，所有権の移転登記によって公示される（177条）。そして登記簿に記載される登記原因は「売買」や「贈与」とされることが多かった。しかし通達により「譲渡担保」を登記原因とした所有権移転登記が認められたことから（昭54・3・31民三2112号民事局長通達），今日こうした記載も定着しつつあるとされている。ただし，登記原因に関する「譲渡担保」という記載からでは，それが設定段階を表すのか，実行され所有権を取得した段階を表しているのか不明確であるとの批判もある。

　ところで，登記簿上は登記原因を問わず所有権の移転登記がされている以上，設定者はその不動産について新たな登記をする権利を有しないこととなる。したがって，設定者はその土地を第三者に売却したり，あるいは後順位の抵当権を設定したりすることができない。このように不動産譲渡担保は抵当権に比べると，新たな資金を得る手段が大きく制限される点でデメリットもある。そのこともあってか，不動産に担保を設定した資金調達の場面では，

譲渡担保よりも依然として抵当権の利用の方が多いようである。

iii 対抗要件②（動産の場合）　次に，動産の場合の対抗要件は引渡しである（178条）。ただし動産に譲渡担保を設定しつつ，債権者に目的動産の現実の支配を移してしまったのでは，譲渡担保のうまみがない。そこで，占有改定（183条。占有改定については本書**第4章**参照）によって対抗要件が具備されることが認められている（最判昭30・6・2民集9巻7号855頁）。

　しかし，占有改定は占有状態についての外観に変化がなく，公示機能は無いに等しい。そうすると，設定者が目的動産を第三者に譲渡した場合には，当該第三者に目的物を即時取得されてしまうおそれがある。第三者のほうとしても，譲渡担保権付の目的物を取得したことにより，紛争に巻き込まれるリスクがある。そこで，1998年にいわゆる動産債権譲渡特例法（平成10年法律104号）が制定され，動産も登記することができようになった。この登記がなされると178条の引渡しがあったものとみなされる（同法3条1項）。もちろんこの方法によっても動産の占有は債務者に残される。

iv 譲渡担保の効力の及ぶ範囲　①目的物の範囲について，担保権的構成に立つ通説は，抵当権に関する370条を類推適用し，譲渡担保の効力が付加物や従物および従たる権利に及ぶとしている。判例の立場は明確ではないものの，借地上の建物を譲渡担保とした場合には，従たる権利として敷地利用権にも譲渡担保の効力が及ぶとするものがある（最判昭51・9・21判時833号69頁）。

　なお担保権的構成によると，目的物の代金債権や賃料債権に物上代位が認められそうである（304条類推適用）。不動産の場合には，譲渡担保の追及効を認めれば，物上代位の必要はあまり無いといえるが，動産については，目的物が即時取得された場合には，代金債権に物上代位を認める必要があろう（物上代位によって目的物の売買代金債権の差押えを認めたものとして最決平11・5・17民集53巻5号863頁がある）。他方で，賃料債権に関しては，目的物の利用が設定者によって継続されていることから，譲渡担保の効力は賃料債権には及ばない（なお他の法定果実や天然果実についても同様）。

②被担保債権の範囲については，設定契約によって定まる。なお不動産譲渡担保に関して，抵当権に関する375条の類推要用の可否が問題となる。不動産譲渡担保では登記名義が譲渡担保権者に移転され後順位担保権者は生じない。したがって，同条の類推適用はされず，優先弁済を受ける利息等の範囲は2年に限定されない（傍論ではあるが最判昭61・7・15判時1209号23頁）。権利移転形式を採る以上，動産や債権の譲渡担保においても同様に考えてよいだろう。

(2) 実行前の問題①──設定当事者間の関係

次に，譲渡担保設定後実行前に生ずる問題について見ていこう。これは大きく分けて，設定当事者間の利用関係の問題（ⅰ）と設定当事者による目的物への侵害の問題（ⅱ）に分けられる。

ⅰ 目的物の利用関係　目的物を誰が占有・利用するかは設定当事者の合意によるが，反対の特約が無い限り，設定者に利用権があるとされている。この利用権について，所有権的構成によるときは，譲渡担保権者に所有権が移転することから，設定当事者間で約定された利用権（賃借権や使用借権）に基づくこととなる。担保権的構成によると，設定者の利用は，設定者が有する権原（設定者留保権や所有権）によることになる。

ⅱ 目的物の侵害　次に目的物が侵害された場合についてである。これは①譲渡担保権者による侵害の場合と②設定者による侵害の場合に分けられる。①の場面について所有権的構成によると，譲渡担保権者に所有権が移転するため，譲渡担保権者による目的物の侵害（目的物の毀損や第三者への譲渡）は設定者との関係では，設定契約に基づき譲渡担保権者に債務不履行責任が生ずるにとどまる。担保権的構成の場合は，設定者に所有権があるため上記と同じく譲渡担保権者に債務不履行責任が生ずるほか，所有権侵害に基づく不法行為責任も負うこととなる。設定者には物権的請求権も認められる。

②の場面について，設定者が目的物を毀損したり，あるいは第三者に即時取得させた場合，設定者は譲渡担保権者の所有権あるいは譲渡担保権の侵害

に基づき不法行為責任を負う。なお設定者が，抵当権が設定された目的物を侵害した場合には，137条2項により期限の利益を喪失し，抵当権者は残担保物について直ちに抵当権を実行できるが，譲渡担保の場合も同様に考えてよいだろう。

(3) 実行前の問題②——第三者との関係

設定当事者と第三者が関係する場面としては，第三者が設定者側との関係で登場する場合（i）と譲渡担保権者側との関係で登場する場合（ii），まったくの第三者が目的物を侵害する場合（iii）がある。

i　設定者側の第三者と譲渡担保権者との関係　　これについて①設定者により目的物が第三者に処分された場合の法律関係が問題となることがある。特に目的物が動産の場合にこの問題が生ずる（目的物が不動産の場合，譲渡担保権者に登記名義があるため，設定者が処分することは困難）。例えば，設定者A（譲渡担保権者はB）が，譲渡担保権が設定されている動産「甲」を第三者Cに譲渡した場合を考えてみよう。所有権的構成に立つと，この場合，Aは無権利者であるため（Bが所有者），Cは甲を即時取得（192条）する可能性がある。担保権的構成によっても，譲渡担保権が甲に設定されていることにつきCが善意・無過失であれば，Cは即時取得の効果である原始取得により譲渡担保権の付いていない所有権を取得する。なお，担保権的構成の場合，所有権はAにあるため，Cは即時取得の要件を満たさない場合でも譲渡担保権が付着した所有権を取得しうる。

次に②設定者によって後順位の譲渡担保権が設定された場合を考えてみよう。例えば，AがDのためにさらに動産「甲」を譲渡担保に供した場合についてである。所有権的構成に従うと，Dの即時取得の可能性はあるが，判例は，占有改定による即時取得の成立を否定しているため（最判昭35・2・11民集14巻2号168頁，詳しくは本書**第4章**参照），このことを前提とするとCによる即時取得は認められず，したがって，Dは無権利となるはずである（担保権的構成に立った場合，Dは第2順位の譲渡担保権を取得するか〔担保権

説〕，Ａの有する設定者留保権を取得する〔設定者留保権説〕）。

　これについて最判平18・7・20民集60巻6号2499頁は，同一目的物に重複して譲渡担保を設定することを認めるが，劣後する譲渡担保権に基づく私的実行を認めなかった。民事執行の場合のような配当手続がないため，先順位譲渡担保の意味が無くなってしまうからである。

　最後に③他の債権者による譲渡担保目的物の差押えの場面を見ていこう。ＡにはほかにＥという債権者がいたとする。Ｂのために譲渡担保権が設定された目的物「甲」（動産の場合。不動産の場合には以下の問題は生じない。民事執行規則23条1項）をＥが差し押えた場合はどうだろうか。この場合，所有権構成に立つならば，譲渡担保権者Ｂは所有者として第三者異議の訴え（民事執行法38条）によって，差押えを排除できる（最判昭58・2・24判時1078号76頁）。

　担保権的構成によると，Ｅの強制執行手続の中でＢも配当を得られれば問題無いはずであるが，民事執行法は譲渡担保権者に配当要求を認めていない（同法133条）。したがって，譲渡担保権者に第三者異議（同法38条）を認め，私的実行による優先弁済を得るしかないこととなる。

ii　譲渡担保権者側の第三者と設定者との関係　　これについてはまず①譲渡担保権者Ｂが，弁済期前に第三者Ｆに目的物「甲」を譲渡した場面を考えてみよう。特に，不動産の場合，登記がＢ名義となっていることからこうした問題が起きうる。

　所有権的構成の場合，所有者はＢであることから，Ｆは「甲」の所有権を取得する。これに対して担保権的構成の場合には，所有権はＡにあることから，Ｆは所有権を取得できない。もっとも，Ｂに完全な所有権があるとＦが信頼していた場合には，94条2項の類推適用による保護が可能な場合がある。

　次に②不動産「甲」の登記名義がＢとなっていることから，Ｂの債権者Ｇがこれを差し押さえた場合はどうか。所有権的構成に立つと，Ａには所有権はないので，第三者異議の訴えによりＡはＧの差押えを阻止できない。

担保権的構成の場合には，Aに所有権がある以上，第三者異議の訴えが可能である。

iii　第三者による侵害　　最後に第三者による目的物の侵害についてである。例えば，第三者Hが目的物「甲」の占有を奪った場合，まず，所有権的構成によると，Bには物権的請求が認められるが，Aには占有の訴え（197条以下）が認められるに過ぎない。担保権的構成による場合には，AもBも物権的請求が認められる。

　Hが目的物を滅失毀損した場合，所有権的構成によると，譲渡担保権者であるBだけがHに対して所有権侵害を理由とした不法行為に基づく損害賠償請求ができる。担保権的構成の場合には，担保権説の場合には，抵当権侵害の場合と同様の処理が可能である。設定者留保権説の場合には，Bは所有権侵害を理由とした不法行為に基づく損害賠償請求権を取得する。

⑷　実行

　弁済期が到来したにもかかわらず，債務者Aが債権者である譲渡担保者Bに弁済をしなかった場合，Bは譲渡担保権を実行して，担保目的物から被担保債権を回収することになる。その方法は仮登記担保の場合と同様に，私的実行による。その際には，清算義務の履行の確保と受戻権の存続期間の2点について留意しなければならないことは，仮登記担保の場合と同様である（前述**第2節3**）。

i　帰属清算方式と処分清算方式　　**帰属清算方式**とは，目的物の所有権を適正な評価額で担保権者に取得させ，評価額と被担保債権の差額を設定者に交付する方法である。この方式は仮登記担保のところで学んだ清算方法と同じである。

　処分清算方式とは，目的物を第三者に処分し，その代金をもって被担保債権の弁済に充てるとともに，処分代金と被担保債権額の差額を清算金として設定者に交付する方法である。

ii　両者の違い　　この両者の違いは受戻権の行使可能期間の違いに直結す

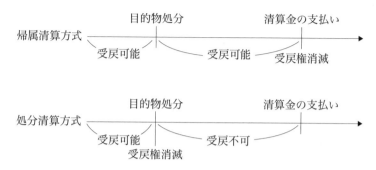

図2　帰属清算方式と処分清算方式

る。すなわち，帰属清算方式の場合，設定者Aが，清算金の支払いを受け
るまでは，受戻権が存続する。したがって，譲渡担保権者BがAに清算金
を支払う前に第三者Cに目的物を処分しても受戻権は消滅しない。したが
って，Cは受戻権という負担の付いた所有権を取得するに過ぎない。

　処分清算方式の場合には，目的物がCに譲渡された時点で受戻権は消滅
する。また，Aは，清算金の支払いを受ける前に，目的物をCに引き渡さ
なければならない。このように，処分清算方式の場合には，受戻権の期間が
短く清算金の確保が困難であることから，学説では譲渡担保においては，帰
属清算方式が原則であり，処分清算方式は特に設定当事者が特約で定めた場
合に限るべきであると主張されてきた。

iii　判例　　これに対して判例は，両方式について学説のような位置づけを
していない。最判平6・2・22民集48巻2号414頁は，譲渡担保権者がいずれ
の清算方法を採るかを選択できるとしつつも，帰属清算方式であっても処分
清算方式であっても，譲受人が目的物の所有権を確定的に取得することを理
由に，設定者の受戻権は消滅するとした。

　学説によると，処分清算方式の場合には，設定者は，清算金の支払いが無
いことを理由に，目的物の譲受人からの引き渡し請求を拒むことはできない
と解していた。他方で，最判平9・4・11裁時1193号1頁や最判平11・2・26
判時1671号67頁は，設定者は目的物の譲受人からの引渡請求に対して，清算

金支払請求権を被担保債権とする留置権（留置権については本書**第11章**参照）を主張しうるとして，清算金が確実に支払われるよう配慮している。

3　流動資産の譲渡担保①──集合動産の譲渡担保

⑴　集合動産の譲渡担保とは

i　集合動産譲渡担保の意義と形態　　前述**第2節2⑵**のように，ある一定の範囲の動産を包括的に譲渡担保の対象とするのが集合動産譲渡担保である。

　これには次の3つの形態がある。ア．集合物の中身に変更が生じない場合（確定集合動産），イ．集合物の中身が常に新陳代謝を繰り返し流動的である場合（流動集合動産），ウ．原材料から製品へと変質する動産を集合物とする場合（変質集合動産）である。ア．については目的動産が特定している以上，個別動産の譲渡担保の場合と同様に考えてよい。ウ．については，変質が生じても流動性がなければ，やはり，個別動産の譲渡担保の場合と同じである。したがって，以下では，イ．の場面について見ていくこととする。

ii　流動集合動産譲渡担保の特徴　　イ．の場面の具体例としては，A社が自社で製造し倉庫で保管している一定数量の製品を債権者Bのために担保に供する場合である。その特徴は，担保権が設定された製品は出荷されるが，また，新たに製造された製品が担保の範囲内に搬入されるといった新陳代謝を繰り返す点にある。そして，こうした流動集合動産を担保目的物とするためには以下の3点を前提とする必要がある。

---

① 　将来，設定者が取得する動産について，新たな設定行為をせずとも当然に担保権の効力が及ぶ。

② 　設定者が，担保権設定時に有している動産だけでなく，将来取得する動産についても，担保設定時において一括して対抗要件を具備できる。

---

③　設定者は，企業活動を続けていくためには，担保目的物を自由に処分できる。

iii　分析論と集合物論　　流動集合動産譲渡担保が上記の①と③を満たすためには，目的物の保管場所に搬入された動産に対しては自動的に譲渡担保権が設定され，搬出された動産については譲渡担保権が外れる必要がある。これについては，1つ目の考え方として，ここでの担保目的物をあくまで「個々の動産」と捉え，流動集合動産譲渡担保契約を，個々の動産が動産群に加わることを停止条件として譲渡担保の目的となり，動産群から分離することを解除条件として担保目的物から外れるという内容の契約であると理解する（**分析論**）。

　これに対して，もう1つの考え方は「**集合物**」というものを観念し，この集合物を担保目的物と理解する考え方である（**集合物論**）。判例はこの集合物論に立つ（最判昭54・2・15民集33巻1号51頁，最判昭62・11・10民集41巻8号1559頁など）。そして，営業の通常の範囲内で目的動産が処分された場合には，処分の相手方は担保権の負担のない所有権を取得し，通常の範囲を超える処分がなされた場合について，判例は，処分された目的物がまだ集合物にとどまっている場合には，相手方は所有権を取得しないとしている（前掲最判平18・7・20）。

iv　集合物の範囲の特定　　しかし，ある動産群を「集合物」と理解したとしても，当事者の関係においてだけでなく，第三者から見てどこまでが譲渡担保の対象となっているのかその範囲が特定していなければ，譲渡担保権を成立させることはできない。というのも，例えば，「倉庫の中の乾燥ネギフレーク44トンのうち28トン」という指定方法では，どこからどこまでの範囲の28トンなのか不明確であり，裁判所は債権者にどの範囲で引き渡してよいか分からず，乾燥ネギフレークの引渡しを設定者に命ずることができないからである（前掲最判昭54・2・15の事例。特定性否定例）。また，別の債権者が差押えを行う際にも，どこまで譲渡担保の効力が及んでいるのか明らかでな

いと差押えが難しい。

　集合物の特定の方法に関して，判例は，一般論として「その種類，所在場所及び量的範囲を指定するなど」の方法によるとしている（前掲最判昭62・11・10）。例えば，前掲最判昭62・11・10では，「A会社の第一ないし第四倉庫内及び同敷地・ヤード内」に存在する「普通棒鋼，異形棒鋼等一切の在庫商品」という指定の仕方について，特定性を認めた。指定された場所に，他の在庫商品が混在しない方法で指定されている点で，最判昭54・2・15と異なり範囲が明確である。ただし，「建物内に存すべき運搬具，什器，備品，家財一切のうち設定者所有の物」という指定の仕方について「家財一式」が何を指すか不明確であるとして特定性が否定された例もあり（最判昭57・10・14判時1060号78頁），ケースバイケースで判断せざるを得ない。

(2)　設定契約および対抗要件

i　設定契約　以上のような集合物について譲渡担保を設定する際には，不動産や個別動産の場合と同様，設定契約（諾成・無方式）によって当該集合物に譲渡担保が設定される。ただ，「集合物を譲渡する」という場合，設定者が現在所有していない動産の譲渡もそこには含まれているはずであり，なぜそれが可能なのかという問題が生ずる。この問題は，将来債権の譲渡について議論されてきたことと同じ問題といえ，詳しくはそちらで述べることとする。

ii　対抗要件　流動集合動産譲渡担保の対抗要件は，設定時に占有改定がなされれば，以後集合物に組み込まれた動産についても特に何らの行為も要せず対抗要件を自動的に取得する（前掲最判昭62・11・10）。こうして上記前提②が満たされる。なお，新たに構成部分になった動産にいつ対抗要件の効力が及ぶのかについては，2つの理解の仕方がある。1つ目は集合物について対抗要件を具備した時点に遡って効力が及ぶとする理解と，個々の動産が集合物の範囲に組み込まれた時点で効力が及ぶとする理解である。

(3) 実行前の問題①──設定当事者間の関係

i　通常の営業の範囲内の処分　　流動集合動産譲渡担保では，集合物を構成する個々の動産の新陳代謝が当然に予定されており，「通常の営業の範囲」内の処分であれば，当然に，相手方は譲渡担保の負担の無い目的物を取得する。なお処分に伴い，設定者は集合物の範囲内に動産を補充する義務を負う。設定者はこれ怠ると目的物に対する侵害として，債務不履行責任もしくは不法行為責任を負う。

ii　通常の営業の範囲を超えた処分　　それでは，通常の営業の範囲を超えた処分がされた場合はどうなるのだろうか。この場合，処分の相手方が所有権を取得する場合は（詳しくは次の(4)ii），設定者は目的物を侵害したとして，譲渡担保権者に対して債務不履行責任や不法行為責任を負う。

(4) 実行前の問題②──第三者との関係

i　目的物の侵害　　個々の目的物にも譲渡担保権が及んでいることから，個別の動産の場合と同じ扱いとなる。

ii　設定者側の第三者と譲渡担保権者の関係　　①設定者による通常の営業の範囲内の処分については，前述の通り特に問題は生じないが，通常の営業の範囲を超えた処分がなされた場合については次の問題がある。

　まず，所有権的構成の場合には，目的物の所有権は，譲渡担保権者が有し，かつ占有改定によって対抗要件も取得しているので，譲受人は目的物の所有権を取得できない。したがって，譲渡担保権者は，（集合物論に立つにせよ分析論に立つにせよ）当該動産を取得した第三者に対して返還を請求することができるはずである。ただし，集合物の範囲から処分された動産が搬出された場合には，譲渡担保権者の所有権は消滅することから，第三者の所有権取得は認められる。

　他方，担保権的構成による場合，設定者に所有権がある以上，相手方は譲渡担保権の付着した目的物の所有権を取得することになる。ただし，集合物から離脱した個別の動産については，もはや譲渡担保権の公示から外れてい

る以上，譲渡担保権は及ばないとも考えられる。この考え方は，抵当権が設定された山林から伐木が搬出された場合の議論（詳しくは本書**第9章**参照）と同じ考え方に立つものである。

　この問題について判例は，通常の営業の範囲外の処分については，設定者にその権限がない以上，「譲渡担保契約に定められた保管場所から搬出されるなどして当該譲渡担保の目的である集合物から離脱したと認められる場合でない限り，当該処分の相手方は目的物の所有権を承継取得することはできない」とした（前掲最判平18・7・20）。

　②もう1つの問題としては，設定者AがCから継続して仕入れて甲倉庫に保管している商品のすべてをBのために譲渡担保に供していたところ（占有改定により対抗要件取得済み），AがCに対して代金を支払わなかったため，甲倉庫内の商品に対して動産売買先取特権を行使した場合，Bの譲渡担保権とどちらが優先するのだろうか。

　この問題について判例は，動産先取特権の存在する動産が譲渡担保の目的物である集合物の構成部分となった場合には，譲渡担保権者は，その動産についても引渡しを受けた者として譲渡担保権を主張でき，333条の第三取得者として，第三者異議の訴えにより先取特権に基づく動産競売の不許を求めることができるとした（前掲最判昭62・11・10）。なお所有権的構成によっても，Bは第三取得者に当たり，かつ，占有改定で対抗要件も取得しているので333条によりCの先取特権の効力は及ばなくなる。担保権的構成からも，動産譲渡担保を動産質権と同列のものと理解することにより，330条1項により先取特権に優先すると解されている（ただしBが悪意の場合は先取特権に優先できない。同2項）。

(5) 実行

　集合動産譲渡担保の実行は，個別動産の実行と基本的には同じである。集合動産譲渡担保の場合でも，債権者は清算金を支払う義務を負う。

4 流動資産の譲渡担保②——集合債権の譲渡担保

(1) 集合債権の譲渡担保とは

i 集合債権譲渡担保の意義 次に，設定者Ａがその取引先であるＣに対して将来取得するする債権（例えば売買代金債権など）をＢのために譲渡担保に供する場合について見ていこう。まず，「債権」を他人に譲渡できるのかが問題となるが，民法はこれを認めている（**債権譲渡**という。466条【コラム：債権譲渡とは何か】）。債権に譲渡担保を設定するとどうなるのかというと，ＡがＢから融資を受けた資金を弁済できないと，Ｂが譲り受けたＡのＣに対する債権を行使することによって，Ｂが債権回収を行うこととなる。こうした債権譲渡担保は，もちろん個別の債権を対象として設定することも可能である。しかしこの場合，すでに民法には債権質という制度が用意されているが，対抗要件（364条）や債権回収方法（366条は第三債務者Ｃに対する直接の取立てを認める）の点で譲渡担保と変わりが無く，譲渡担保を利用するメリットはあまり無い。これに対して集合債権譲渡担保の場合，既発生の債権のみならず，将来債権も対象とできる点でメリットがある。

ii 形態 集合債権譲渡担保に関しては，Ｂ（債権の譲受人・新債権者・譲渡担保権者）が，Ｃ（Ａの債務者＝第三債務者）に対して，譲渡担保権実行の通知をするまで，Ａ（債権の譲渡人・旧債権者）に譲渡債権の取立てを依頼する方法がある。この場合，譲渡通知の日付のところを空欄にしておいて，実行時に日付を補充し，Ａの委託を受けた者としてＢが通知をするという通知留保が行われる。債務者Ｃに譲渡時に通知がなされないことから**サイレント方式**と呼ばれている。こうした方法が採られる理由は以下の通りである。①担保の目的が債務者の異なる小口・多数の債権である場合，債務者ごとに確定日付ある証書によって通知を行うのは手間と費用の観点で現実的ではないこと，②Ａの信用状態に不安が無い限り従前通り債務者（Ａ）に債権の取立てを行わせ，それをもってＢへの債務の弁済に充てさせれば不都合は無いこと，③集合債権譲渡は，他の手段では資金繰りが困難な場合に用いられ

ることが多かったことから，取引先（C）に不安を与える恐れがあることの
3点である。

【コラム：債権譲渡とは何か】

　事例中のA（売主）とC（買主）がAが生産している商品の売買契約を締結
したとしよう。その際，CはAに対して「4月30日に代金1,000万円を支払
う」という約束をしたとする。この時，AはCに対して4月30日以降
「1,000万円を支払え」という権利を得ることになるが，こうした権利者（＝
債権者）が義務者（＝債務者）に対して一定の行為（＝1,000万円の支払い）を請求
しうる権利を「債権」という。

　民法は，466条でこうした債権を他人に譲り渡すことを認めている。これ
を債権譲渡という。そして，本文の事例では，Aは担保のためにBに対し
てCに対する債権を譲渡している。ところで，この債権譲渡は，AとBの
間の契約によって成立する。しかしそれでは，Cは見ず知らずの新債権者B
から後日請求を受けることになり，誰に弁済してよいか困ってしまうだろう。
そこで，467条1項は，①債権譲渡がされたことをAがCに通知するか，
あるいはCが承諾しなければ，BはCに支払いを請求できないとした。ま
た②同2項は，こうした通知または承諾が確定日付のある証書によってなさ
れなければ，債務者以外の第三者には対抗できないとしている。例えば，A
がCに対する同一の債権をDにも譲渡したという場合に，Bが先にこの通
知を行えばDに優先することができる。①は対債務者対抗要件と呼ばれる
のに対して，②は対第三者対抗要件と呼ばれている。

　ところで，「4月30日に1,000万円Cから支払ってもらえるのであれば，
なぜ債権譲渡なんてする必要があるのだろうか」と疑問に思った読者もいる
だろう。現時点が4月1日だったとして，どうしても今現金が必要で30日ま
で待っていられない，といったときにこの債権譲渡が使われることが多い
（換価のための債権譲渡）。

⑵　設定契約および対抗要件

i　設定契約　　集合債権譲渡担保は，債権者と設定者の間の譲渡担保設定契約（諾成・無方式）によって設定される。ここで問題となるのが，この集合債権に将来債権を含む場合，そうした将来債権の譲渡は有効かという点と，将来発生する債権のうち当該譲渡担保の目的物となっているものはどれかが識別できる必要があることから，対象の特定性がここでも問題となる。

ii　集合債権譲渡担保の特定性　　流動集合動産譲渡担保の場合と同様に，新たに取得した債権に自動的に担保権が及ぶようにするためには，そもそも将来債権の譲渡が有効である必要があるが，466条の6第1項はこれを認めている。この時，将来発生する予定であった債権が仮に発生しなかった場合どうするかが問題となるが，その時は債権の譲渡人が債務不履行責任を負えばよい。したがって，債権が発生しない可能性があることを理由に将来債権の譲渡可能性を否定する必要は無いというのが同条1項の趣旨である。こうした理由から，466条の6第1項（2017年改正）の前提となった最判平11・1・29民集53巻1号151頁は，長期間にわたる債権の包括的譲渡も特定性が満たされる限りにおいて有効であるとした。その際の特定の方法としては，債権の発生原因，時期，金額，弁済期，第三債務者（担保目的となった債権の債務者〔C〕）が考えられる（最判平12・4・21民集54巻4号1562頁）。

iii　対抗要件　　債権譲渡担保の対抗要件は，467条2項が定める確定日付のある証書による債務者への通知もしくは債務者の承諾（【コラム：債権譲渡とは何か】参照）と動産債権譲渡特例法が定める債権譲渡登記がある。集合債権譲渡担保の対抗要件に関して467条2項を適用する場合，以下の問題点がある。

　第1に，例えば，Aが有する賃貸物件に将来入居するであろう賃借人に対して有することとなる賃料債権を譲渡担保に供する場合のように，第三債務者が誰か定まっていない場合には，467条の対抗要件をあらかじめ備えることができない。そのため2004年に動産債権譲渡特例法が改正され，現在では，登記する際に債務者名を記載しなくとも登記が可能となっている（その代わ

りに譲渡される債権を特定するための事項が法務省令で定められている。同法8条2項4号）。ただし，債権譲渡登記によって対抗要件を具備できるのは，法人が金銭債権を譲渡する場合に限られている。

第2に，債権発生前に行った通知もしくは承諾によって，対抗力を得ることができるかという問題である。判例はこれを認めている（大判昭9・12・28民集13巻2261頁）。

第3に，1回の通知もしくは承諾で将来の包括債権譲渡の対抗要件となりうるかという問題があるが，学説は肯定的である。債権の譲受人たる譲渡担保権者Bへとどの債権が目的であるかが判断できる程度に特定された通知が債務者Cになされれば，その後，債権譲渡の設定者A（Cの債権者）から同債権を譲り受けようとする第三者が，先行する債権譲渡の有無をCから確認することができる。こうした理由から，1つの包括的な通知または承諾によって対抗力が生じると考えられている。判例も同様の立場に立つ（最判昭53・12・15判時916号25頁，前掲最判平11・1・29など）。

第4にサイレント方式の場合の対抗要件の具備についてである。この方式では債務者への通知が行われないことから，特に，対第三者対抗要件をどのように備えるかが問題となる。これについては，1998年に債権譲渡登記が創設され，債務者への通知を行うことなく，この登記によって債権譲渡の対抗要件を取得することが可能となっている（動産債権譲渡特例法4条1項）。

⑶　実行

集合債権譲渡担保の実行は，債権の譲受人（譲渡担保権者）Bが新債権者として債務者Cに対して履行を請求することによって行われる。ここでも，清算金が発生する場合には，Bは設定者Aに対して清算金を支払わなければならない。なお，実行前であれば，Aは債務を弁済して債権を受け戻すことができる。

第4節　所有権留保

1　所有権留保とは

(1)　所有権留保の意義と仕組み

所有権留保とは，代金完済前に目的物を引き渡す売買において，買主の代金の支払いを確保するため，売主に代金完済まで所有権を留保することをいう。例えば，自動車の売買契約において，買主Ｂが代金を一括で支払えないため，先に売主ＡがＢへ自動車を引き渡すが，代金が完済されるまでは自動車の所有権は，Ａに留保しておくことを約定する場合である。代金が完済されない場合には，Ａは所有権に基づいてＢより自動車を取り戻しこれを代金債権に充てることによって，優先的な債権回収をはかることができる。

　代金の支払いを確保する手段としては留置権（295条）や同時履行の抗弁（533条）があるが，これらは目的物の引渡しが先履行とされている場合には使えない。また，先取特権については，Ｂが第三者Ｃへと自動車を転売し，引渡しを完了した場合には消滅するので（333条），こうした場合の保護に欠ける。また，Ｂが代金を支払わない場合には，債務不履行を理由に契約を解除し（541条），目的物を取り返すことも可能であるが，これも目的物が第三者に転売されてしまった場合には，取り戻すことができない（545条1項ただし書）。こうした民法上の不備を補うため，所有権留保が生み出された。

(2)　所有権留保の利用状況

　所有権留保は主に動産の割賦販売において利用されている。そこで割賦販売法では，同法2条1項1号に規定する割賦販売の方法により販売された指定商品の所有権は，賦払金の全部の支払いの義務が履行される時までは，割賦販売業者に留保されたものと推定している（同法7条）。ただし同法のかっこ書では適用範囲を「耐久性を有するものとして政令で定めるものに限

る」としており，それ以外の動産については所有権留保をする場合には，設定契約が必要である。

不動産に関しても所有権留保が使われることがあるが，特に，宅地・建物の割賦販売に関しては，宅地建物取引業法43条が，宅地建物取引業者が売主となって行う割賦売買について所有権留保を禁止している。このこともあり，不動産取引において所有権留保が利用されることはあまりないようである。

(3) 法律構成

所有権留保の法律構成については，代金完済という停止条件が成就したときに買主は確定的に所有権を取得するとする構成（所有権的構成）と，所有権留保もあくまで債権担保を目的としている以上，買主にも何らかの物権的権利が存在することを認める構成（担保権的構成）がある。

2　設定方法および対抗要件

(1) 設定方法

所有権留保は，売買契約の中に所有権留保に関する特約を入れることによって設定される。

(2) 対抗要件

売買契約を結んでも，所有権留保特約が結ばれると，代金完済までは所有権は買主に移転しない。したがって，特に何もしなくとも売主（A）は，第三者に対して目的物（自動車）の所有権を対抗できる（通説）。なお，第三者による即時取得を防ぐため，ネームプレートが目的物に付けられることがあり，これを慣習法による対抗要件であるとする見解もある。

3 設定当事者と第三者との関係

　取引関係にない第三者による目的物の侵害に関しては，個別動産の譲渡担保のところで述べたことと同じ処理がなされる。ここでは，設定当事者と取引関係のある第三者との関係について見ていくこととする。

⑴　買主による転売

　例えば，売主Aが目的物を第三者Cに譲渡してしまった場合，所有権的構成に立つと，売主に所有権があることから買主は無権利者となる。したがって第三者に即時取得（192条）が成立しない限りは所有権を失うことはない（最判昭42・4・27判時492号55頁。ただし第三者の有過失により即時取得否定。即時取得が成立するとCは負担の無い所有権を取得する）。他方，担保的構成による場合は，所有権留保付きの所有権をAが有することになるので，Cはこれを取得することになる。「所有権留保付」ということについてCが善意・無過失の場合のみ即時取得が成立する。

　以上のような結論は，先ほどの例のような登録自動車の売買の場合には注意が必要である。所有権留保付でAからB，BからCへと当該自動車が転売された場合については，第1に，登録自動車には192条の適用がなく（最判昭62・4・24判時1243号24頁），即時取得による保護のみでは不十分である。

　これについて最判昭50・2・28民集29巻2号193頁は，CはBに対する代金を完済したが，他方，BはAに対して代金を支払っていなかったという事案について，AのCに対する自動車の引渡請求は，代金回収不能の危険をCに転化し不測の損害を与えるものとして権利濫用に当たるとして認めなかった。

⑵　買主の債権者による差押え

　買主Bの他の債権者DがBのもとにある自動車を差し押さえた場合について，判例は，売主Aが実行する前であっても，留保所有権に基づく第三

者異議の訴えを認めている（最判昭49・7・18民集28巻5号743頁）。担保権的構成を採る学説からは，民事執行法133条（配当要求）の類推適用によって優先弁済を認めれば足りるとの主張がされている。

4　実行

買主が代金を支払わない場合，売主は所有権に基づいて買主から目的物の引渡しを受け，それを換価するなどして他の債権者に優先して債権を回収できる。

(1)　清算義務と清算方式

所有権留保においても，清算後残額があれば，これを買主に返還する義務を売主は負う。もっとも，動産は使用による減価が著しく，また中古市場も充実していないので，清算金が生じない場合が多いようである。なお清算方式は，帰属清算，処分清算のいずれの方式も行われている。

(2)　目的物の引揚げと解除の要否

清算金が生じない場合であっても，買主の意思に反して，売主が目的物の直接占有を実力で回収することはできないとするのが通説である（自力救済の禁止を理由とする）。そこで，売買契約に基づく買主の占有権原を奪うため，売主が契約を解除して目的物を取り戻すことが考えられる。しかし，解除をしてしまうと，被担保債権である代金債権も消滅してしまうし，第三者に転売されてしまっている場合には，目的物の返還を請求できなくなり（545条1項ただし書，前述1(1)参照），所有権留保をした意味が無くなってしまう。

そうすると，やはり，引揚げを所有権留保の実行と理解し，強引な引揚げ等については不法行為等で対処するしかなさそうである。また，このように解すれば，目的物の引揚げ後・清算前の買主に受戻権の行使も認めることが可能となる。

判 例 索 引

事 項 索 引

著者紹介

堀川信一（ほりかわ・しんいち）

序論，第12章，第13章担当

【現職】大東文化大学法学部法律学科教授

【学歴】東洋大学法学部卒業，一橋大学大学院法学研究科博士後期課程修了・博士（法学）

【主要業績】

- ・「日本法における錯誤論の展開とその課題（一）～（六）完」大東法学25巻1号（2015年），同2号（2016年），26巻2号（2017年），27巻2号（2018年），28巻2号（2019年），29巻2号（2020年）
- ・「保証契約の成否並びに民法446条2項における『書面』の解釈」『民事責任の法理——円谷峻先生古稀祝賀論文集』（成文堂，2015年）
- ・「法律行為に関する通則——公序良俗違反論を中心に」『民法改正案の検討 第2巻』（成文堂，2013年）
- ・「原因関係の無い振込みと振込依頼人の保護法理」『民事法の現代的課題——松本恒雄先生還暦記念』（商事法務，2012年）

萩原基裕（はぎわら・もとひろ）

第1章，第7章，第10章，第11章担当

【現職】大東文化大学法学部法律学科教授

【学歴】高崎経済大学経済学部経営学科卒業，明治大学大学院法学研究科民事法学専攻博士後期課程修了・博士（法学）

【主要業績】

- ・「追完請求権の射程と買主の救済に関する一考察——契約不適合のある物の取付事例を素材として」大東法学31巻1号（2021年）
- ・「契約の無効，取消しと原状回復——不当利得と原状回復義務の関係をめぐる序論的考察として」大東法学30巻1号（2020年）
- ・「代替物の引渡しによる追完と買主による使用利益返還の要否について」大東法学29巻1号（2019年）
- ・「買主自身による追完と売主に対する費用賠償請求の可否をめぐる問題の検討」大東法学28巻2号（2019年）

松原孝明（まつばら・たかあき）

第 2 章, 第 4 章, 第 6 章担当

【現職】大東文化大学法学部法律学科教授

【学歴】上智大学法学部法律学科卒業, 上智大学大学院法学研究科博士後期課程
満期退学

【主要業績】

- ・「死に関する高齢者の自己決定権」『最新老年看護学 第 4 版』（日本看護協
会, 2021年）
- ・『看護・医療を学ぶ人のためのよくわかる関係法規』（学研メディカル秀潤
社, 2019年）
- ・「医療過誤訴訟における期待権侵害構成と行為態様評価について」『医と法
の邂逅 第 3 巻』（尚学社, 2018年）
- ・「違法性論と権利論の対立について 序論」上智法学論集59巻 4 号（2016年）

江口幸治（えぐち・こうじ）

第 3 章担当

【現職】埼玉大学大学院人文社会科学研究科准教授

【学歴】日本大学法学部経営法学科卒業, 日本大学大学院法学研究科博士後期課
程中途退学

【主要業績】

- ・『民法入門Ⅲ 債権法』（尚学社, 2021年）
- ・『法学入門』（埼玉大学生活協同組合, 2017年）
- ・「都市農業の持続的発展——埼玉県三富新田の事例をもとに」週刊農林2237
号（2015年）, 2241号（2015年）, 2245号（2015年）
- ・「三富地域における持続的な循環型都市農業の課題」政策と調査 1 号（2011
年）

山口志保（やまぐち・しお）

第5章担当

【現職】大東文化大学法学部法律学科教授

【学歴】東京都立大学法学部法律学科卒業，東京都立大学大学院博士後期課程満期退学

【主要業績】

- ・「書評 ボイラープレート――アメリカ契約法における約款考察の紹介」大東法学30巻2号（2021年）
- ・「第2章 消費者契約法」「第4章4．貸金業に対する規制法」「第8章4．製造物責任法」『新・消費者法これだけは 第3版』（法律文化社，2020年）
- ・「約款作成者不利の原則と消費者契約法」『日本の司法――現在と未来』（日本評論社，2018年）
- ・「約束的禁反言再考」『日本社会と市民法学――清水誠先生追悼論集』（日本評論社，2013年）

亀井隆太（かめい・りゅうた）

第8章，第9章担当

【現職】横浜商科大学商学部商学科准教授

【学歴】早稲田大学商学部卒業，千葉大学大学院人文社会科学研究科博士課程修了・博士（法学）

【主要業績】

- ・『基本講義 契約・事務管理・不当利得・不法行為』（成文堂，2021年）
- ・『車両損害の最新判例とその読み方』（保険毎日新聞社，2020年）
- ・「リサイクル法制度の課題」『リサイクルの法と実例』（三協法規出版，2019年）
- ・「ヨーロッパ・アメリカにおける成年後見制度」『認知症と民法』（勁草書房，2018年）

民法入門Ⅱ　物権法

2022年5月20日　初版第1刷発行

編著者ⓒ　松原　孝明
　　　　　堀川　信一

発行者　苧野　圭太
発行所　尚　学　社

〒113-0033 東京都文京区本郷 1-25-7　電話 (03) 3818-8784　www.shogaku.com
ISBN978-4-86031-173-5　C1032

印刷・太平印刷社／製本・松島製本